RIMAS Y DECLARACIONES POÉTICAS

POESÍA

GUSTAVO ADOLFO BÉCQUER

RIMAS Y DECLARACIONES POÉTICAS

Edición
Francisco López Estrada
M.ª Teresa López García-Berdoy

COLECCIÓN AUSTRAL

Primera edición: 3-IX-1986
Decimosexta edición: 28-IX-2003

© *Espasa Calpe, S. A., Madrid, 1938, 1986*

Diseño de cubierta: Tasmanias

Depósito legal: M. 38.402—2003

ISBN 84—239—0003—7 (antigua edición)
ISBN 84—239—1806—8 (nueva edición)

Espasa, en su deseo de mejorar sus publicaciones, agradecerá
cualquier sugerencia que los lectores hagan al departamento
editorial por correo electrónico: sugerencias@espasa.es

Impreso en España/Printed in Spain
Impresión: UNIGRAF, S. L.

ESPASA

Editorial Espasa Calpe, S. A.
Complejo Ática, Edificio 4. Vía de las Dos Castillas, 33
28224 Pozuelo de Alarcón, Madrid

ÍNDICE GENERAL

RIMAS
Y DECLARACIONES POÉTICAS

INTRODUCCIÓN

PRINCIPIO DE LA VIDA

La vida de Bécquer fue breve y puede contarse en pocas palabras sin que haya que referir hechos pintorescos, insólitos o que hubiesen llamado la atención de sus contemporáneos, ni tampoco que merezcan figurar en las páginas de la gran Historia. Pero su poesía es de las mejores que cabe encontrar en el Romanticismo español; y lo ha sido por su sinceridad y por la viveza con que supo expresar los movimientos del alma. Careciendo su poesía «de medida absoluta, adquiere las proporciones de la imaginación que impresiona; puede llamarse la poesía de los poetas». En efecto, los poetas de nuestro tiempo, Luis Cernuda, Dámaso Alonso, Jorge Guillén, Rafael Alberti y otros muchos lo han confirmado así.

Bécquer nació en Sevilla el día 17 de febrero de 1836 y murió en Madrid el 22 de diciembre de 1870. Treinta y cuatro años son muy pocos para dejar una gran obra, sobre todo literaria. Pero en casos como éstos (recordemos a Garcilaso de la Vega), no basta con cifrar los años de la vida en un número; esto resulta sólo un dato aproximado, para entendernos en la Historia y, sobre todo, para comparar lo que siempre es incomparable: el curso de las vidas de los poetas.

El poeta se llamó en el registro de su nacimiento Gustavo Adolfo Domínguez Insausti y Bastida, pues su padre fue el pintor José María Domínguez Insausti y su madre doña Joaquina Bastida y Vargas. El padre pertenecía a la familia de los Bécquer que, procedentes de Flandes, estaban en Sevilla desde comienzos del siglo XVII. Por una extraña premonición, sus padres lo bautizaron con los nombres de Gustavo Adolfo, de evidentes resonancias nórdicas. Y reuniendo estos nombres con el apelativo de la familia, procedente de su ascendencia, que era el mencionado de Bécquer, compuso así el nombre con el que se le conoció: Gustavo Adolfo Bécquer. Aunque no recibió de sus padres beneficios económicos patrimoniales (—¡y de dónde iba a salir!—), Bécquer guardó siempre cierto aire de índole aristocrática (como aparece en sus retratos, con elegante indolencia a lo Van Eyck); y sin que tuviese apenas relación con Alemania, fue uno de los poetas que se sumó por convicción propia a la tendencia germánica en la literatura española. El marco que le dio la ciudad en la que nació, Sevilla, rodeó su vida; en ella vivió hasta los dieciocho años, pues en el otoño de 1854 se fue a Madrid; se conjetura si acaso volvió por poco tiempo en la primavera de 1861. Pero Bécquer guardó siempre la nostalgia de Sevilla, y la ciudad de su nacimiento estuvo presente en su imaginación, tal como la describió en la reseña que hizo de *La soledad*, de su amigo Augusto Ferrán (en las páginas 253 y 254 de este volumen); serían otras muchas las veces que, como en este caso, el poeta recordaría la Sevilla de su niñez y juventud, de la que guardó siempre una viva memoria.

LOS AÑOS SEVILLANOS

Los padres de Bécquer tuvieron ocho hijos entre 1828 y 1841; el poeta era el quinto de la familia. El padre fue pintor de tipos y costumbres andaluzas, y vendía sus cuadros, sobre todo, a los viajeros románticos; su hermano Valeriano, nacido en 1833, continuó la profesión artística del padre, y el mismo Gustavo Adolfo manejó los lápices con soltura, y en su obra literaria muestra el conocimiento de la pintura, sobre todo en su sensibilidad estética. Por desgracia, cuando el futuro escritor contaba sólo cinco años, en 1841, murió su padre, joven, a los treinta y cinco años.

!! Vivan los hombres libres......!!!

Dibujo de Gustavo Adolfo Bécquer en el álbum «Los contrastes» o álbum de la revolución de julio de 1854. Sevilla, 1854.

La viuda del pintor procuró acomodar a sus hijos, y Estanislao, el hijo mayor, y luego Gustavo Adolfo ingresaron en 1846 en el Colegio de San Telmo, cuyo fin era educar a los huérfanos de la clase media o noble, de pocos recursos, y prepararlos para pilotos de altura. En 1847 se clausuró el Colegio, y Gustavo fue a casa de su madrina doña Manuela Monnehay, señora «de claro talento, que poseía bastantes libros y —¡cosa rara en una mujer!— que los había leído todos», como la recordaría Narciso Campillo, amigo de Gustavo, y, como él, aficionado pronto a la literatura. Sin la disciplina del Colegio, perdido el camino para la profesión marinera, estudiando de una manera un tanto irregular, Gustavo practicó el dibujo, y fue acercándose a su hermano Valeriano, que lo acompañó de cerca o de lejos durante su vida. La afición por la literatura fue dominándole cada vez más; se junta con otros amigos, Narciso Campillo y Julio Nombela, que, como él, sueñan con triunfar en Madrid. Y se lanzan a la aventura: Nombela fue en junio de 1854 a la capital del reino con su familia; los otros le siguen a su aire y van a lo que saliere: Gustavo en el otoño, empeñado en triunfar como escritor, y luego le sigue Campillo, que tiene que regresar en seguida por una grave enfermedad.

MADRID: LA SIRENA PERIODÍSTICA

En las apuradas condiciones en que Bécquer fue a Madrid, la vida que le aguardaba había de ser difícil. Los jóvenes como él acudían a la capital para sobresalir sobre todo en la política, y para eso era necesario el título universitario de Derecho, tan común en los hombres públicos de la época. Para alcanzar los puestos de la diplomacia se requerían además relaciones familiares. Para los cargos sobresalientes —o que estaban en camino de serlo— había que conocer gente de renombre y entrar de alguna manera en los círculos de la capital. Gustavo iba solo e impulsado por su vocación literaria y las ilusiones de la imaginación; de esa manera, si tenía suerte, le esperaba en el caso mejor la sirena de la vida periodística, que atraía a las redacciones de diarios y revistas a estos jóvenes audaces, sueltos de pluma, y que confiaban en la fuerza de la letra impresa, aunque fuese en las planas de los diarios. No le fue, de todas maneras, tan mal a Gustavo en estas lides. Gran parte de su obra está dispersa en los periódicos y las revistas, y llegó a contársele en *El Contemporáneo* como uno de los redactores más asiduos; lo mismo ocurrió en *El Museo Universal;* en 1870 fue director literario de *La Ilustración de Madrid.* La obra que se conoce de cierto como suya, por ir firmada con su nombre, se encuentra desperdigada en estas publicaciones y otras parecidas, a veces poco duraderas. Y la obra que escribió anónima, como parte de su trabajo profesional, ocupa un espacio, puede que importante, en las páginas de las publicaciones periódicas con las que tuvo alguna relación. Tendría que escribir sobre cualquier clase de asuntos, pues el trabajo de un redactor es de límites imprevisibles. Por lo menos, llegó a ser uno más del círculo de los «literatos», constituido por estos jóvenes periodistas, que eran, al mismo tiempo, poetas, escritores de cuentos y de novelas, de obras teatrales, de todo un poco, y más en ciernes que probados.

La colaboración firmada o anónima en estas publicaciones periódicas, además de ser un medio para vivir, representó la manera como sus versos y su prosa literaria llegaron a la imprenta y se difundieron entre el público. Por este motivo hay una nota de modernidad en su obra que le caracteriza: ser periodista (en un sentido amplio, escribir para y en los periódicos) supuso para él, y para otros que estaban en su caso, manifestarse como escritor por el solo medio que le era accesible y contar con un grupo de lectores. Si no podía darse a conocer con un libro, las páginas de estas publicaciones le ofrecían un medio para expresar su vocación literaria en prosa y verso. Aunque en un círculo reducido, tuvo sus admiradores,

Gustavo Adolfo Bécquer. Retrato por
Valeriano Bécquer.

como el joven Francisco de Laiglesia, que le regaló el tomo donde se comenzó a escribir *El libro de los gorriones*, y que luego ayudó a que se publicasen sus *Obras* de 1871.

Pero este trabajo, discontinuo y realizado a salto de mata, atendiendo a veces a solicitudes que no siempre irían con el talante del momento, no resultaba adecuado para la naturaleza física de Bécquer. La salud del escritor era endeble, con altibajos que los azares de la vida harían más violentos. Una predisposición hereditaria y enfermedades graves —¿acaso relacionadas con el amor como miseria carnal o con el amor como dolor del alma?— le hicieron conocer la desolación de la soledad, las horas que caen, a cada vuelta de minutero, en un vacío de pozo mortal. Pero Bécquer no se deja vencer y muchas veces se rehace, y sigue escribiendo sobre lo que se tercie y sobre lo que a él le gusta; a veces, ya metido en faena, puede que todo fuese lo mismo: una fuerza que le empujaba, acaso superior a sus mismas preferencias. En cuanto puede, aprovecha la ocasión para viajar por España, practicando un turismo pintoresquista y decentemente bohemio; monta en las últimas diligencias y en los primeros trenes, y sus artículos pretenden recoger, tomándolo todo de la realidad que lo rodea, los tipos y las costumbres que presiente que se perderán con las máquinas (en los periódicos en que él colabora figuran los primeros anuncios de las máquinas de coser, que vienen de París, mientras que en sus viajes se queda pensativo viendo cómo la vieja del pueblo maneja con agilidad la rueca).

OTRAS ACTIVIDADES DE BÉCQUER

Además de la profesión periodística, Bécquer realizó para ganarse el sustento otras actividades más o menos relacionadas con la literatura. Desde su juventud había puesto sus ilusiones en la publicación de una gran obra que él esperaba que le daría fama y dinero, al mismo tiempo que llevaba a cabo una labor muy de su gusto; quiso escribir una historia de los templos españoles, con las más perfectas ilustraciones en la técnica del grabado; el texto sería el resultado de la colaboración de los mejores eruditos en la materia y contendría una interpretación de lo que la obra arquitectónica representaba como consecuencia de la labor de los arquitectos, escultores, pintores y artesanos que habían reunido sus esfuerzos para crear un monumento en exaltación de la fe cristiana. De 1856 a 1858 trabajó para llevar a cabo esta idea, ya meditada desde antes. Bécquer, con un socio, preparó la aparición de la gran obra; se puso en relación con colaboradores, escritores y, sobre todo, eruditos de la historia y de la arqueología. Se hizo propaganda y se solicitaron ayudas, incluso de Isabel II; se reunían suscriptores, y en 1857 salió la primera entrega sobre la catedral de Toledo. *La Historia de los templos de España* no prosiguió adelante; hubo pleitos y dificultades materiales; parece que la empresa excedía a la preparación de Bécquer, que puso en ella más entusiasmo que disciplina erudita y sentido de los negocios editoriales. Pero el amor por la arquitectura no dejaría ya a Bécquer en su vida; en donde hubiese una piedra labrada por el arte, Bécquer captaba su vibración poética, y esto lo expresó en la prosa y en el verso.

Otro campo que tentó a Bécquer fue el del teatro. Así ocurrió en 1856 con *Esmeralda*, arreglo teatral de *Notre-Dame de Paris* de Víctor Hugo, que sólo proporcionó deudas al escritor y a sus amigos. Luego con Luis García Luna hizo teatro cómico y zarzuelas en 1859 y 1860; huyendo de la política y de los empleos repartidos por el gobierno de turno, pensó en que el teatro y la zarzuela pudieran darle los medios económicos que necesitaba. Pero tampoco logró salir adelante con esto, y hubo de seguir en las páginas de los periódicos.

Más adelante, con la amistad de González Bravo, transigió con los beneficios de los turnos políticos. Durante la primera mitad del año 1865, y de julio de 1866 a la revolución de 1868, Bécquer fue «censor de novelas». El cargo representó un respiro en su economía familiar, y no parece que fuese en exceso severo en su ejercicio, al menos por lo que dijeron sus amigos, pues los papeles del despacho de la censura se han perdido.

LOS AMORES DEL POETA

Bécquer, romántico por educación literaria y por su condición personal, reconoció en el amor uno de los motivos más influyentes en la vida del hombre. No estar enamorado era como ir dormido por la vida; para percibir la belleza del mundo natural y vivir con fuerza y plenitud, había que empeñarse en la aventura del amor, con los riesgos que esto trajera.

Y fiel a este propósito, se explica que el amor moviera y conmoviera a Bécquer como hombre en su vida y como escritor en su obra. Por eso el amor es el tema más importante de su obra poética, sobre todo la de condición lírica, y abunda también en la narrativa. El amor fue para él una experiencia perturbadora, inquietante, y así ocurre que cuando el amor es el asunto de su obra, resulta también un argumento oscuro, más intuido que expresado con lógica. Así escribió en las *Cartas literarias a una mujer*: «El amor es un misterio. Todo en él son fenómenos a cual más inexplicable; todo en él es ilógico, todo en él es vaguedad y absurdo» (I, pág. 231). Por eso es difícil saber el curso de su amor. O de sus amores, pues para que se desencadene esta tensión del alma propia del amor, es necesario enamorarse. Y eso es lo difícil, pues para lograrlo hay que relacionarse con la mujer, el objeto del amor. ¿Merece Ella (la de este o del otro amor) que Bécquer suelte en su alma la tempestad del amor? ¿Qué vale más: Ella, en sí, como tal mujer, con la que es necesaria la relación del amor; o el amor por sí mismo, la tempestad con sus iluminaciones violentas del mundo, el acicate del alma, lanzada a la infinitud de la poesía, lo que pasa en el espíritu del poeta?

Pasan por la vida de Bécquer mujeres casi niñas, damitas de la sociedad, a veces sombras que burlan la erudición, incluso hasta invenciones (¿o sueños?). Una de estas mujeres, Casta Esteban Navarro, de diecinueve años de edad, casó con Bécquer el 19 de mayo de 1861, cuando el poeta tenía veinticinco. La historia del matrimonio es tormentosa. El poeta fue de condición difícil, con fuertes vínculos con su hermano; no se entiende con su mujer, con la que no logra congeniar y que le queda lejos. Sintió el batir de alas del amor que pasa, pero no sabemos si junto a él se detuvo meses, días, siquiera horas. Al menos, tuvo hijos: Gregorio, nacido en 1862, Jorge, en 1865, y Emilio, en 1868. Las relaciones de la pareja han sido controvertidas; lo más seguro es que Casta no llegase a comprender su papel de esposa de un poeta romántico, y que él hiciese poco para entender lo que quería una mujer de pocos alcances intelectuales y propicia a la vida común de las familias acomodadas. Se duda de su fidelidad en relación con el tercer hijo.

¿Y las otras mujeres? Julia Espín y Colbrandt fue el episodio a la medida romántica. Trajo a la vida de Bécquer la relación con la música, pues era hija de un director de orquesta del Teatro Real, Joaquín Espín, y sobrina, por parte de la madre, de Rossini. Se conocieron en las tertulias literariomusicales que se celebraban en casa del director del Real, y parece que esta pasión fue más literaria y social que íntima: el poeta, como otros contertulios, hizo de la joven su musa y se unió a la admiración de los demás. Si en él esto dejó la huella de algunas *Rimas* (y un álbum de dibujos que le dedicó) fue porque Bécquer dio una interpretación poética de carácter amoroso a esta relación que puede que poco tuviese de personal. ¿O fue acaso Josefina Espín, una hermana menor de Julia, el objeto de estas preferencias poéticas de Bécquer? De cualquier manera, esto fueron episodios de salón madrileño, con una resonancia de músicas de ópera al fondo, pues Julia llegó a cantar por los teatros musicales de Europa y acabó casándose con un ingeniero y político gallego.

Y sólo dos palabras de Elisa Guillén, que tantas hizo escribir. Rafael Montesinos ha dado el adiós a esta amada de Bécquer descubriendo que sólo fue la invención de un admirador del poeta. Pero es importante saber que en los amores de Bécquer existió un nombre femenino que ha sido una hermosa mentira; sobre ella se han compuesto poemas indudablemente hermosos, casi tan buenos como los auténticos de Bécquer. Muerto el poeta, su talante amoroso siguió inspirando a sus devotos hasta el punto de conseguir estas imitaciones tan hábilmente realizadas.

Los amigos de Bécquer

Hay un evidente contraste entre las mujeres y los hombres que en vida rodearon a Bécquer. Las mujeres aparecen como objeto deseado que, cuando se logra, defrauda; tal ocurrió con su mujer propia y con las otras que aparecen contradictorias, crueles a veces, fantasmas otras, sueños. En cambio, los amigos del escritor, contando a su hermano Valeriano como el primero, fueron realidades con figuras y nombres firmes, como de piedra. Cuando Bécquer, por su poca salud y por las nieblas que él derrama sobre la vida confundiendo sueños y razón, está en peligro, los amigos acuden a su lado; ellos estuvieron allí en la desgracia y en las horas indiferentes, pero en las que es necesaria la compañía, y en las de los gozos que compartió con ellos, a pesar de la reserva y timidez de que a veces daba muestras. Los amigos lo arroparon en más de una ocasión en el lecho de dolor, y lo rodearon en el de la muerte, y lo comprendieron con el corazón abierto, y creyeron a su modo que era poeta, y que los que vendrían después reconocerían la valía del amigo a veces desastroso y desastrado.

Sus nombres han ido saliendo en las precedentes páginas. Algunos proceden de su época adolescente de Sevilla. Así Narciso Campillo y Correa (1835-1900), que lo conoció en la Escuela de San Telmo y que con él soñó el triunfo en Madrid, de donde regresó en seguida; en 1869 volvieron a tratarse en Madrid, adonde Campillo había ido como catedrático de Retórica y de Poética; acaso por esto mismo, por el prestigio del cargo y de las palabras, Bécquer, presintiendo que su verso era más designación espiritual que palabra concreta, le confió su poesía para que la retocase en una póstuma edición.

Julio Nombela y Tabares (1836-1919), carlista, metido en la vida de los periódicos desde que llega a Madrid al tiempo que Bécquer, fue para él un compañero de la profesión periodística, que es decir, de las fatigas de los trabajos en las mesas de redacción.

Ramón Rodríguez Correa (1835-1894), nacido en La Habana, liberal, fue periodista

Muy Sr. nuestro: el insigne Poeta, orgullo de Sevilla, su cuna, y de España, su patria; Gustavo Adolfo Becquer, murió en la flor de su vida y de su genio, para luto perpetuo de las musas y desolación y desvalimiento de la honrada viuda y de los hijos que dejó en el mundo sin su apoyo. Su nombre ha llegado en breve tiempo á ser una gloria nacional, y, sin embargo, pocos conocieron al hombre que tanto merece universal aplauso.

Creemos, pues, cumplir el doble deber de honrar al muerto y de auxiliar á su familia, reproduciendo fotográficamente un fiel retrato de aquel y entregando á esta los productos de la edición del mismo.

Entre las personas que rinden culto á las bellas letras, V. es una de las mas propicias, y, en tal concepto, le rogamos que se sirva aceptar el ejemplar adjunto, coadyuvando así al buen propósito que nos anima y recibiendo por ello la expresion de nuestra gratitud mas respetuosa.

Somos de V. con toda consideracion, at.⁽ᵒ⁾ y seg.⁽ᵒ⁾ servo.⁽ʳ⁾ Q. B. S. M.

Tomás Rodz. Rubí   _José Zorrilla_

Miguel de los Santos Alvarez   _Pedro Ant.° de Alarcón_

Madrid   de Marzo de 1878   _Antº Ferrer del Rio_

José Salvador de Salvador

Por.... Cada ejemplar vale 50 rs.   El repartidor lleva el recibo
su importe y pasará á cobrarlo cuando V. se sirva designarlo.

Circular litográfica del 31 de marzo de 1878; entre las firmas se encuentran las de José Zorrilla, Pedro Antonio de Alarcón y otros escritores conocidos de la época

también, y político que estuvo en Cuba in-
tentando un arreglo de una situación que iba
irremediablemente hacia la independencia de las
islas de Ultramar. Conoció muy de cerca la
obra de Bécquer y la leería aun en las hojas
manuscritas a la luz de las mesas de redacción,
mientras que los oficiales de la imprenta aguar-
daban impacientes para componer el texto de
unas páginas que habían de salir en un plazo
fijo a la calle. Rodríguez Correa prologó con
palabras vibrantes de emoción, transidas por
el dolor del amigo muerto en la flor de la vida,
las *Obras* que los amigos del poeta acordaron
publicar.

Augusto Ferrán y Forniés (1835-1880) era
el más poeta de este círculo de amigos; siendo
todos gente de letras, Ferrán fue para Bécquer
(y Bécquer para Ferrán) el descubrimiento del
alma gemela, el que de verdad conocía esta
corriente germanizante con la que el sevillano
se sentía solidario en cuanto a los principios
que debían guiar la auténtica poesía, y también
por lo que representaba en la valoración de
la poesía popular. Se conocieron tarde, en 1860,
por medio de una carta de presentación de
Nombela, y en 1861 salía *La soledad*, el libro
de versos de Ferrán, del que Bécquer hizo la
importante reseña que publicamos en las pági-
nas 251 a 268. Ferrán había vivido en Munich
cuatro años y trajo de Alemania una gran
afición por las corrientes nuevas que eran

Grabado de M. Luque que aparece al frente de la segunda edición de
las «Obras» de Bécquer, Madrid, 1877

coincidentes con la poesía que Bécquer estaba escribiendo; de 1860 a 1870 esta amistad fue un beneficio para Bécquer. Sólo que Ferrán había conocido más mundo, y le gustaba la vida literaria en su aspecto bohemio, y no le importaba lanzarse a ella; Bécquer no jugó por entero esta carta. La profesión periodística inclinaba a la bohemia, pues el trabajo se realizaba sobre todo de noche; Bécquer, acaso por su propensión enfermiza y por no sobrarle el dinero, y también por el aire conservador que manifiesta, no se entregó a los excesos bohemios.

En este grupo de los amigos hay que contar a Luis González Bravo (1811-1871); político de movido itinerario ideológico, Bécquer lo alcanzó en su fase conservadora, en el último período de su vida. Ministro de la Gobernación con Isabel II, le tocó hacer frente a la difícil situación que acabó en la Revolución de 1868 por la que salió al destierro. Tuvo el buen sentido de adivinar al gran poeta que había en Bécquer y lo favoreció con su trato y en su casa en lo que pudo; el original que le pidió de sus poesías con intención de publicarlo a sus expensas con un prólogo escrito por el propio político, hubiese podido dar a conocer a Bécquer antes que lo hizo la edición póstuma de 1871. La fortuna no le acompañó en esto.

Luis García Luna, compañero en las aventuras teatrales; Antonio Reparaz, el acogedor músico a cuya casa acudió con sus amigos; Eduardo del Palacio, el hablador contertulio del café Suizo; Eusebio Blasco, que nos dejó una oscura imagen del poeta moreno, sombrío, triste y soñador, y tantos otros más formarían aquí este coro de la amistad, que no le faltó en vida a Bécquer.

LA MUERTE DEL ESCRITOR

La muerte rondó varias veces por cerca de Bécquer, y él, que lo sabía, estuvo empeñado en que fuese parte de su poesía. La muerte está en los oscuros presentimientos del poeta, en los esfuerzos por adivinar su misterio, en la afición por los cementerios y por los paisajes de otoño, tocados de melancolía. Nombela nos ha testimoniado una confidencia de Bécquer: él creía que, como su padre y otros de su familia, moriría joven. En 1858 sufrió una enfermedad gravísima que lo tuvo en cama cerca de dos meses; cuidaron del poeta la patrona y sus amigos, y tardó mucho en reponerse: «cuando pudo levantarse, parecía un cadáver», nos dice Nombela.

La muerte de su hermano Valeriano, ocurrida el 23 de septiembre de 1870, fue para él un terrible golpe. Poco le sobreviviría; ni siquiera el propósito de dar a conocer las grandes condiciones artísticas de su hermano logró darle ánimos para sobreponerse a su pena.

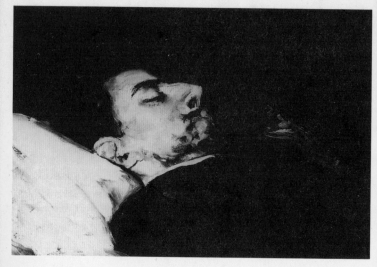

Bécquer en su lecho de muerte, cuadro de Vicente Palmeroli
Museo Romántico, Madrid.

Casta, que estaba por entonces separada de Gustavo, volvió a la casa, pero no consiguió rehacer el hogar. El invierno se presentó muy crudo. En los primeros días de diciembre estuvo enfermo en Toledo, acaso de una pulmonía. Nombela y el poeta se encontraron en la Puerta del Sol, y se subieron a la imperial del ómnibus que los condujo al barrio de Salamanca, donde Bécquer vivía, en la calle Jorge Juan. Llegaron arrecidos, tiritando. Aquello fue el principio del fin que llegó el 22 de diciembre, tres meses después de la muerte de Valeriano. Antes de morir quemó unas cartas y dijo, según Laiglesia: «Acordaos de mis niños.» Y Rodríguez Correa oyó estas palabras: «Llegó por fin el fatal instante y, pronunciando claramente sus labios trémulos las palabras: "Todo mortal...", voló a su Creador aquella alma...» La política agitaba y removía por entonces con violencia la nación, ·y la muerte de Gustavo Adolfo Bécquer apenas encontró eco en los periódicos.

Sólo vivió treinta y cuatro años. Medido por el rasero común de las estadísticas es poco, y según las apariencias se diría que es un hombre que apenas roza la madurez. Parafraseando lo que él dijera, según Castro y Serrano, de Valeriano, se podría comentar: «Hubo en él un gran poeta, y siempre se vio atosigado por las prisas, sin poder extender su obra hasta libros de empeño; hubo en él un gran pensador, un ensayista de sensibilidad artística que pudo escribir sobre cuestiones estéticas, y sólo consiguió desperdigar apuntes de escasa entidad sobre estas materias.»

La verdad que cuenta más allá de las cifras nos informa que Bécquer había pasado por muchas pruebas. Quiso primero triunfar como poeta, pero esta ilusión se le deshizo pronto por las dificultades de ganarse la vida (pero siguió en el empeño, sin que por eso cediese). Las letras le dieron sólo para ir viviendo junto a los periódicos, y en una ocasión propicia, el amigo político lo acercó a la ubre del presupuesto. Tuvo de todo, años de necesidad, a veces, de un mediano pasar, otras. Todo en un vaivén que le permitió en alguna ocasión derrochar dinero, y en otras, pedir prestado para lo más necesario. Fue conservador por instinto más que por convencimiento o por pasión política, aunque poco —en cuanto a bienes económicos— tuviese que conservar. Se desprende de su obra o, a lo menos, de la imagen que quiso dejar de sí mismo, un señorío en el que acaso tuviese parte la memoria de un linaje, conservado en la Sevilla natal. El lenguaje que elige se inclina más por la selección del buen gusto; posee el *no sé qué* del acierto que procede de las raíces. Esto no obsta para que sus amigos lo acusasen de descuido en el vestido, pero los retratos que nos quedan de él manifiestan un aire entre indolente y de buen tono. Puede que se ocupase poco de su persona física y descuidase acaso su atuendo porque lo suyo era el reino del espíritu. Esta espiritualidad mostró un fondo religioso, sobre todo en las manifestaciones de la tradición, y en especial al contemplar los templos, oír la música e intuir las generaciones de creyentes y la obra artística creada por la fe. El ansia de belleza reconocida en la mujer procedía de lejanas fuentes literarias, y los poetas de la época áurea de Sevilla le habían enseñado a exaltar la hermosura perecedera; la madura experiencia romántica había añadido una contradictoria percepción de la mujer como motivo de armonía y de desorden. Su experiencia de la sociedad no había sido ciertamente afortunada, y no es de extrañar que a veces se perciban ventoleras de escepticismo. El poeta se sintió pecador y víctima, pero en la adversidad supo mantener una actitud digna; nos dejó una obra sinceramente escrita y recatada (al menos, en lo que destinó a la difusión pública) y de una gran valía renovadora. Su amigo Rodríguez Correa pensó que el mejor elogio al amigo desaparecido era éste: «Sí, Gustavo es revolucionario, porque, como los pocos que en las letras se distinguen por su originalidad y verdadero mérito, antes que escritor es artista, y por eso siente lo que dice mucho más de lo que expresa, sabiendo hacerlo sentir a los demás.» Y comienza así esta otra paradoja de su fama: que siendo un intérprete fiel de la tradición, se le llame revolucionario por la autenticidad de su obra.

LA OBRA EN PROSA:
LA CONDICIÓN PERIODÍSTICA

Una estadística de las obras de Bécquer, reunidas en la edición de sus *Obras completas*, ofrece el resultado de que la mayor parte de las mismas se escribieron en prosa (el 91,86 por ciento). Esta cifra crecería si añadiésemos las páginas que se cree que ha podido escribir Bécquer sin firmar en los periódicos con los que tuvo relación. Por eso comienzo por referirme a su obra en prosa.

Tal como corresponde a su categoría poética, que he de tratar cuando me ocupe de su obra en verso, podría decirse en un primer juicio que la suya es una «prosa poética». Pero este dictamen resulta parcial, y en algunos casos es más aparente que verdadero. Lo evidente es que la prosa de Bécquer resulta, en gran parte, de intención profesional, propia del periodista. Sin embargo, en la declaración que hizo en los papeles de su matrimonio, él prefiere llamarse a sí mismo «literato», mientras que los amigos que firman como testigos sí se llaman «periodistas». Su obra tiene, en bastantes casos, las características de haber sido escrita con prisas, para entregarla en seguida, sin apenas repasar y pulir, y sin prever apenas que cada parte pudiera obtener un desarrollo más amplio; aun en el caso de obras que tienen un título conjunto en su presentación posterior, fueron en su origen artículos sueltos, con una relación circunstancial entre sí. No hay, en su obra en prosa, novelas ni otro género de libros que requieran una concepción meditada y lenta, extendida a través de un gran número de páginas. Los periódicos engullen insaciables la prosa de los periodistas, que se acomoda más o menos a lo que piden los lectores y a la condición política o social del periódico. Bécquer logró el difícil propósito de mantenerse firme en sus gustos literarios y, al mismo tiempo, atender las exigencias del lector de periódicos. Esto representa un arduo equilibrio en el que Bécquer supo salir airoso, y aun diré que beneficiado. Cuando leemos las obras de Bécquer, nos falta conocer lo que las rodeaba como término medio en las columnas de revistas y diarios para darnos cuenta de su esfuerzo y de sus logros. Dentro de lo que le fue posible y se lo permitió su salud y las privaciones que sufría, escribió sobre lo que era su vocación: la interpretación poética del pasado y su testimonio aún vivo en el presente.

Para entender los límites entre los que desarrolló Bécquer su obra, conviene recordar el matiz conservador y católico de los periódicos en que colabora, compatible con un progresismo moderado, que no se ha destacado lo suficiente. Bécquer fue (para poner de relieve un aspecto que ha sido poco valorado en su obra), un autor en el que se testimonia el léxico científico de la época: *átomos, cálculo, eje, máquina fotográfica, chispa eléctrica, vapor, infinito*, etc. Bécquer no es, sin embargo, un periodista de combate, sino una especie de notario poético que da fe sobre la realidad de su época en España. Por eso viajó de una parte a otra e intuyendo la importancia que habría de tener en el futuro la ilustración impresa junto con la descripción literaria, acompañó a su hermano Valeriano, y publicó algunos artículos con dibujos de esta realidad vivida. El costumbrismo está en su obra como esta participación de la vida observada, que se ha de testimoniar con veracidad. Él siente dentro de sí el Romanticismo, pero ya maduro, sin estridencias. Así ocurre que, en la afición que siente por el pueblo y sus costumbres y creaciones, Bécquer se mueve con un criterio en el que el entusiasmo ya queda cerca de la ciencia. De ahí su preferencia por describir el pueblo tal como es y vive, según se encuentra en la intención del folklore, ciencia que aparece en los tiempos de la vida de Bécquer. Esto lo hizo en los comentarios a los dibujos de su hermano Valeriano y, junto con su buen talante literario, se encuentra en el fondo de sus artículos costumbristas sobre las escenas de Madrid, los tipos y costumbres de Aragón, el País Vasco, las Castillas y Sevilla. En algunos casos aparece el escritor que quiere ser hombre de ciencia objetivo, como lo piden los tiempos nuevos; en otros se echa de ver al cronista de Madrid, con el gesto —y el léxico— de la frivolidad; y a veces se testimonia al poeta sincero que muestra en esta prosa lo que de su intimidad cabe decir en el marco del artículo periodístico. Y en todo ello campea su agilidad descriptiva, guiada por un instinto pictórico que le venía de familia; Bécquer sabe sorprender en su prosa la realidad en lo que tiene de movimiento y de color. Asegura una «economía» de elementos en la descripción que lo separan de la abundancia del realismo y lo acercan a los autores de fin de siglo, entre los que abundaron los periodistas-escritores.

Y sobre todo (y esto se encuentra en el conjunto de su obra a través de las «piezas» literarias que la componen), la unidad del artículo se impone como módulo básico en gran parte de su prosa. La dimensión de cada «pieza» es el espacio que ocupa el artículo en las columnas del diario o de la revista. A veces forma series con estas piezas (como las *Leyendas* o las *Cartas*), pero la figura de cada una es perceptible en el conjunto.

LAS LEYENDAS

Una parte de la obra en prosa de Bécquer es fuertemente imaginativa. El caso fue encontrar el portillo por el que la fantasía pudiese entrar en las páginas de revistas y diarios; no resultó difícil porque la moda romántica permanecía aún entre el público de los lectores. Bécquer se apoyó en ella, pero la depuró para lograr una obra de gran valor artístico. Recordemos que estudiar los templos de España había sido uno de los fallidos propósitos de su juventud. Pero él hubiese querido hacerlo no en forma estrictamente arqueológica, sino para mostrar a todos la presencia de una tradición que aún sentía vibrar en su espíritu: «la tradición religiosa es el eje de diamante sobre el que gira nuestro pasado», escribe. La «tradición» comienza a ser un dato objetivo, que puede buscarse en los grandes monumentos, en los viejos libros o en los labios del pueblo, pero en Bécquer resulta también la interpretación de todo cuanto el castillo derruido, la casona olvidada con escudos en sus paredes, las callejas de los barrios árabes y judíos, las iglesias caídas con sus cementerios abandonados, llevan consigo adherido como musgo espiritual. Entre los testimonios que conservan la tradición, está también la «leyenda», transmitida confusamente de generación en generación:

«Que lo creas o no, me importa bien poco. Mi abuelo se lo narró a mi padre: mi padre me lo ha referido a mí, y yo te lo cuento ahora, siquiera no sea más que por pasar el rato», pone como epígrafe en *La Cruz del Diablo*. Pasar el rato con Bécquer como narrador de leyendas es una delicia, como apreciaron sobre todo los lectores de *El Contemporáneo*, *La América* y *La Crónica*. Cada *Leyenda* tiene la extensión conveniente para entretener un corto tiempo al lector, en una medida que puede ponerse en relación con el caso del artículo. El estilo de la pieza es adecuado para este lector aún inmerso en el Romanticismo, pero Bécquer no se aprovecha de los tópicos comunes, sino que establece una acertada depuración de este gusto por el relato fantástico. Después de que el lector había leído las noticias de la capital, la información de las provincias y del extranjero, las gacetillas políticas, le tocaba el turno a esta «Variedad» en la que todo cabía, y allí estaba a veces la *Leyenda* de Bécquer (más de una mujer iría a ella directamente, saltándose lo demás).

Las *Leyendas* no se narran todas de manera novelesca, sino que el escritor dice haber llegado hasta ellas de algún modo, a través de una experiencia personal, y este marco de la pesquisa para dar con la información, se integra en el relato legendario; es como un periodista que anduviese en busca de

novedades... no del día, sino de otros tiempos,
y que fuese comentador él mismo de la no-
ticia del pasado. Bécquer saca la leyenda
de las formas en que hasta entonces habían
aparecido, la desprende del corsé romántico,
de la sonora versificación, y la deja suelta,
como danzando en la libertad de una prosa
que en esto sí que quiere ser poética. Estas
Leyendas con las *Narraciones* representan el
30,35 por ciento de su obra total.

LAS CARTAS BECQUERIANAS

Otras veces Bécquer acude al género lite-
rario de las cartas fingidas, y con ellas escribe
otros artículos en que aumenta su intervención
personal en el relato. Con esto vuelve a los
orígenes del estilo periodístico, que apareció
sobre el molde de las epístolas o cartas infor-
mativas del siglo XVIII. El Romanticismo había
sacado un gran provecho de la subjetividad
inherente a las relaciones epistolares; la carta
como confesión del alma atormentada había
sido una modalidad de gran éxito. Bécquer
vuelve al recurso de las cartas que le permiten
el matizado juego de contar la visita a un lugar
y recoger al mismo tiempo el estado del espí-
ritu del que la escribe:

En las *Cartas desde mi celda*, el marco de
los viajes hasta el lugar, el monasterio y el

valle de Veruela adoptan una función definida
en el relato: el corresponsal nos refiere su
impresión ante los lugares. Y, sobre todo,
hay ocasión para que Bécquer, al mismo
tiempo que describe esta realidad vivida, nos
cuente lo que había soñado, y lo que va des-
cubriendo dentro de sí, para que al final
sienta abrirse otra vez sus ojos «a la luz de
la realidad de las cosas» (*Desde mi celda*, III).
Pero para Bécquer esta realidad era intensa-
mente compleja, y él no quería dejar fuera del
relato nada que fuese auténtico como expe-
riencia espiritual. Por eso, los motivos del
relato epistolar son el pasado y el presente,
reunidos en su sensibilidad atormentada. De
esta manera, la luz histórica de las crónicas
y la erudición leída valían junto con la creencia
oscura en brujas y presentimientos, manifes-
tada por sus informantes; la religión católica
aparecía junto a las supersticiones de raíz
popular. A todo acude Bécquer, y esta variedad
es ciertamente un encanto periodístico, cuando
nos la comunica en una prosa dignamente
cuidada, convincente, ilustradora, con mezcla
de tono confidencial y con un ritmo oratorio.
Estas *Cartas desde mi celda* representan muy
cerca del diez por ciento de su obra.

Las *Cartas literarias a una mujer* fueron una
obra fallida, pero lo que nos queda de ella
representa un testimonio de gran valor en el
conjunto de la obra de Bécquer. Aun contando

con su brevedad (el 1,54 por ciento en el conjunto de su obra) y hallándose incompletas, estas *Cartas... a una mujer* establecen una exposición de la poética del escritor, sobre todo de la función de la mujer en el proceso de la creación literaria. Las *Cartas... a una mujer* están muy relacionadas con las *Rimas,* como demuestro en el libro que he dedicado al estudio de esta obra. Doy aquí en este volumen su texto, por ser tan inmediato a la poesía de Bécquer, pues resultan la mejor glosa de ella, escrita por el propio autor (páginas 225 a 249)

ACTUALIDAD DE LA PROSA DE BÉCQUER

Nada hay más volandero que la hoja del periódico; de la misma manera que los remolinos del viento la alzan por los aires y la llevan a perderse a cualquier parte, lo mismo pasó, en bastantes casos, con los artículos que se difundieron en las páginas de estas publicaciones; hay diarios y revistas que son más difíciles de encontrar que las primeras obras de la imprenta. Los artículos que aparecieron en sus páginas en muchos casos no se escribieron para perdurar; fueron pensados para una ocasión, en relación con los lectores del periódico. Sólo en algunos casos se juntaron colecciones de artículos para constituir un libro, pieza de mayor permanencia y duración. Los amigos de Bécquer sabían de esta condición volandera de la obra periodística cuando quisieron publicar en libro su obra, pero les guiaba la confianza de que en aquella prosa había cualidades perdurables. Y en esto acertaron, pues aún hoy la prosa de Bécquer mantiene su calidad; en los asuntos que trató, diversos e inconexos a veces, la adivinación del poderoso mundo del subconsciente que anima el relato de las creencias populares y el misterio desvanecido de las leyendas, le hicieron sobrepasar el Romanticismo de brocha gorda. La presencia del poeta, más o menos aparente según los casos, en las narraciones da un tono de autenticidad informativa hacia una realidad que en él va del presente al pasado de la nación; y posee también un cauce comunicativo con el lector, que le viene de la condición periodística. Y hoy como ayer el periódico está entre las necesidades del hombre moderno. Un lector de 1860 a 1870 resulta diferente de uno que viva hoy, pero no lo es tanto que no pueda participar aún en las preocupaciones de un Bécquer por lo que fue —y sigue siendo— España. Los templos siguen en pie, las comarcas del país tienen sus características propias, la capital sigue siendo una equívoca ilusión para algunos, una aglomeración a veces sin sentido que Bécquer hubiera denunciado. El violento empujón del crecimiento demográfico y los re-

sultados de la aplicación de técnicas uniforma-
doras no han logrado acabar aún con esta
esencia española que Bécquer temía que desa-
pareciese. Sólo una educación adecuada puede
hacer que la realidad de esta tradición se
conserve y se armonice con los nuevos medios
de vida; muchos de éstos, con una conve-
niente adecuación general, serían compatibles
con la tradición y ayudarían a su conservación
con medios con los que Bécquer no pudo
imaginar. El encuentro entre el pasado y el
presente, que Bécquer pone de manifiesto en
sus inicios, es hoy un problema fundamental
para el hombre de nuestro tiempo, y su sola
solución es una inteligente política cultural
que armonice el pasado y el presente, la tra-
dición y el progreso técnico dentro de una
medida humana. Y el Romanticismo aún si-
gue válido en una última instancia, sólo que
ahora tiene otros aires. Aunque los cambios
hayan sido muchos, no son tantos como para
que Bécquer no adjetivara al siglo que le tocó
vivir, como pudiera hacerlo un joven de hoy,
desilusionado por lo que le parece el zafio
egoísmo de una sociedad que se despreocupa
de los valores humanos; sólo que Bécquer
lo escribe al darse cuenta de cómo se extingue
y apaga en los pechos la fe religiosa: «Este
siglo positivista y burgués sólo rinde culto
al dios Dinero» (*Cartas desde mi celda*, X).
Pero el escritor, sabiendo que vive en un mundo

en crisis, había escrito esto otro, que parece
contradecir lo anterior: «Tengo fe en el por-
venir. Me complazco en asistir mentalmente
a esa inmensa e irresistible invasión de las
nuevas ideas, que van transformando poco
a poco la faz de la Humanidad ...» (Ídem, IV).
La conciencia de vivir en un mundo contra-
dictorio es un signo de esta agudeza de Bécquer
en cuanto al proceso de la sociedad que le
rodeaba. Estar al tanto del pasado y del presente
es uno de sus méritos, y que para mí influye
en la modernidad de Bécquer.

Es cierto que su prosa tiene un corte ora-
torio de gran enjundia, que desde un punto
de vista estilístico parece opuesto a la brevedad
de su poesía. Pero por eso mismo resulta clara
y es eficaz en cada caso. El ritmo oratorio de
la prosa de Bécquer refleja su temperamento
musical, sólo que en este caso se proyecta
sobre una frase extensa. Su acierto está en
la elección de los planos evocados, en la reso-
nancia que queda en el alma del lector de
lo que fue el estremecimiento creador que
Bécquer dejó en la obra.

Las Rimas

Bécquer, en tanto que poeta o autor en
verso, fue escritor de poca pero intensa obra;
nos queda de él la suficiente como para darnos

una idea de su condición y calidad. Y esto
en la medida de lo justo. En vida, Bécquer
fue poco conocido como poeta; son pocas
(quince) las poesías que aparecieron mientras
vivió; las demás fueron póstumas. Todas juntas
representan poco más del ocho por ciento de
las páginas de las *Obras* publicadas con su
nombre. De ahí la importancia de la edición
de 1871, hecha por sus amigos, que así ase-
guraron un texto de estas poesías que se
hubieran acaso dispersado, como los dibujos
de Valeriano, de no haber formado parte de
las *Obras* que ellos publicaron.

Bécquer llamó a sus poesías *Rimas;* esta pa-
labra coincide con el italiano *Rime*, y se aplicó
en sus orígenes a los poemas de tema profano
escritos en lengua vernácula (Dante, Petrarca
y Boccaccio, entre otros); de ellos la tomaron
algunos poetas españoles de los Siglos de Oro
(Espinel, Jáuregui, etc.), y la volvieron a usar
los contemporáneos de Bécquer (Aguiló, Arnao,
etcétera). Es una palabra, en el siglo XIX, in-
dicativa de la condición poética por la mención de
la *rima*, uno solo de los recursos poéticos propios
de la versificación española; la sencillez del tér-
mino cifra la condición poética de la poesía
becqueriana. Pero esto no significa que el
poeta se haya valido en su poesía de una métri-
ca elemental; en efecto, en una consideración
de los recursos empleados por Bécquer, halla-
mos que utiliza los versos de la tradición

española (con dominio del endecasílabo y del heptasílabo), y con un uso frecuente del pie quebrado, que le permite eficaces quiebros en el ritmo. Prefiere la rima asonante. Pero se vale de una gran riqueza de combinaciones estróficas que moldea con portentosa flexibilidad en cada poesía. Su acierto consiste en que da con el aire rítmico exacto que requiere cada composición. La musicalidad que atribuyen los críticos a Bécquer es la concertada suma de una serie de aciertos: *a*) la correspondencia de los acentos rítmicos del verso con los del sentido de las palabras; *b*) el uso del hipérbaton, que establece un orden sicológico y juega con las tensiones en la sucesión sintáctica; *c*) un encabalgamiento de gran fuerza rítmica al deslizarse de unos versos a otros, o al detener en el curso del verso el sentido en busca de un efecto de suspensión indefinida mediante el uso conveniente de los puntos suspensivos, de los que el Romanticismo había abusado sin tino.

Bécquer gradúa siempre con acierto los ejes verbales de la comunicación. Expone objetivamente en la tercera persona gramatical y pasa a la primera para dar a la poesía un matiz de experiencia. Dialoga a veces consigo mismo o con otros, y así algunas *Rimas* adquieren en las partes decisivas un matiz dramático, que, sin embargo, no se resuelve en teatralidad, sino en la constitución de un tono confidencial, íntimo.

Es común decir que la poesía de Bécquer es «natural, breve, seca», y este efecto se logra con el uso de un número limitado pero suficiente de recursos retóricos, hábilmente desplegados en el conjunto de cada composición. Se vale, a veces, con exceso de la comparación, con el uso explícito del *como* ..., pero esto da un aire de sinceridad al ámbito poético que crea; sus símiles son siempre sencillos y accesibles, y el lector no tiene que verificar piruetas metafóricas, sino dejarse llevar de su palabra. Su mérito está en que el lector se convierte, sin advertirlo, en oyente del poema porque la palabra es transparente, como si Bécquer nos hablara con descuido, como si oyéndole nos sintiésemos sus amigos.

Bécquer alcanza con estos medios lo más difícil de conseguir: lograr las apariencias de una poesía confidencial, en tono de conversación íntima entre el lector (y, sobre todo, la lectora) y el poeta, mediante un calculado artificio, que no es perceptible, pues se oculta deliberadamente. Sus poesías son breves («un poema cabe en un verso», había escrito), porque lo que quiere decirnos en cada *Rima* es sólo notas aisladas de un poema mayor que intuimos y que se manifestaría entero sólo en la vida del poeta. A Bécquer le resulta imposible escribir un gran poema, a la manera del Romanticismo exuberante, con una ordenación extensa y rigurosa del desarrollo y va-

liéndose de una elevada y resonante palabre-
ría; por eso desconfía del uso de los recursos
de la preceptiva de escuela y elige unos medios
de expresión modestos pero eficientes para su
propósito. De su obra trasciende una impresión
de timidez que predispone favorablemente; se
echa de ver que el poeta está más atento a la
autenticidad de lo que expresa que a los
efectos de relumbrón ante el público. Pero esto
requiere también un difícil arte, y por eso la
Poética de Bécquer abre el camino de la lírica
moderna.

Por otra parte, el vuelo corto que asignamos
al artículo periodístico, también repercute en
el paralelismo de la creación sobre su obra
en verso. Lo que mejor puede aparecer en las
páginas del periódico y de la revista es el poema
breve; y ése fue el carácter de las poesías que
Bécquer publicó en vida; el tiempo de la
poesía extensa, cualquiera que fuese su con-
tenido, había pasado para los que no lograban
imprimir su obra en libros. Poesía tiene que
ser cifra, clave, obra en intensa concentración.

La edición y el orden de las Rimas

La publicación de las *Rimas* de Bécquer
planteó desde su primera edición la cuestión
de si el conjunto de las mismas pudiera cons-
tituir un libro o si, por el contrario, se trata

Única ilustración del manuscrito del «Libro de los gorriones»

de piezas poéticas sueltas cuya reunión formaría siempre una obra convencional; y, como consecuencia, si cabe establecer algún criterio para publicarlas con un orden.

Es indudable que las *Rimas* comenzaron a aparecer como poesías sueltas desde el 17 de diciembre de 1859 en que la que se tituló «Imitación de Byron» («Tu pupila es azul, y cuando ríes...») se publicó en el número tres de la revista *El Nene*. Sabemos que en 1867, y en parte de 1868, Bécquer había preparado una colección de las *Rimas* para el ministro Luis González Bravo, su protector, pero este manuscrito se perdió en la violencia de los sucesos políticos de los meses de septiembre y octubre de 1868. Poco antes de estos acontecimientos, Bécquer había recibido de manos de un amigo, Francisco de Laiglesia, un tomo de contabilidad comercial, de seiscientas páginas, para que escribiese en él sus obras. El poeta puso al tomo el título de *Libro de los gorriones. Colección de proyectos, argumentos, ideas y planes de cosas diferentes, que se concluirán o no según sople el viento,* fechándolo el 17 de junio de 1868. El título de *Libro de los gorriones* resulta desconcertante. Sin embargo, si se piensa en el modo de ser de Bécquer, se intuye que el poeta, al elegir al gorrión para el título de lo que no sabía aún lo que contendría, quiso dar a entender que él consideraba su obra como estos pájaros humildes, que se reúnen a veces en bandadas incongruentes; aves sin prestigio literario, se posan en cualquier parte del campo o de la ciudad, y en cierto modo nos acompañan en las horas comunes de la vida, y no faltan ni en las de la alegría ni en las del dolor.

Es probable que Bécquer escribiese entonces, en 1868 o poco después, la parte que, con un título musical, llamó *Introducción sinfónica*, considerándola como un prólogo general para sus obras; después ocupó las páginas primeras con el relato fragmentario en prosa *La mujer de piedra*. Cuando se convenció de que el manuscrito de las *Rimas* por él entregado a González Bravo se había perdido, recurrió al libro de contabilidad de Laiglesia para volver a escribir, desde la página 529 del mismo, las setenta y nueve rimas indicando *Poesías que recuerdo del libro perdido*. Parece, pues, que las *Rimas* iban juntándose en el *Libro de los gorriones* sin un orden premeditado, a medida que las recordaba, aunque también es probable que el poeta se ayudase de otros textos suyos, apuntes y versiones sueltas. Este tomo comercial, convertido por este venturoso azar en manuscrito poético, lo destinaría Bécquer sólo para su uso personal; sin embargo, el encaje casi perfecto del número y extensión de las *Rimas* con las sesenta y dos páginas finales del mismo, indica que el poeta había calculado poco más o menos el espacio que ocuparían las poesías en el conjunto.

Este manuscrito es, por tanto, la base más fidedigna del texto de las poesías. La escritura presenta algunas correcciones y no se sabe quién o quiénes las hicieron: unos las atribuyen a algún amigo, acaso Campillo; otros creen que son del mismo Bécquer. La letra no aclara el caso, y tampoco estimo que Bécquer considerase estos textos como definitivos. Por eso he creído que podría valerme de algunas variantes o preferir las versiones iniciales y, en unos pocos casos, doy las dos.

Las *Rimas* de Bécquer se han conocido sobre todo por medio de la edición que prepararon sus amigos Casado del Alisal, Nombela, Campillo, Rodríguez Correa y Ferrán, inmediatamente después de la muerte del poeta. Los amigos hicieron un doble trabajo con el conjunto de las poesías: las pusieron en un orden determinado y establecieron algunas correcciones en los textos.

Para la cuestión del orden siguieron un criterio que Rodríguez Correa explica en el prólogo que escribió para esta edición de 1871. Es muy probable que este criterio fuese compartido por los demás amigos, y de ahí su valor como testimonio. Por eso sitúo en esta edición algunos párrafos de este prólogo que señalan cuáles fueron las directrices del trabajo de los amigos para dar un sentido de unidad al conjunto de las *Rimas*. El principio se basa en la comparación de las *Rimas* con el *Intermezzo* de Heine; dejando de lado el efecto de esta obra sobre Bécquer, los amigos del poeta muerto pudieron conocer el *Intermezzo* por diversas vías: Ferrán y los que supieran alemán, directamente; los que conocieran el francés, por la versión de Gérard de Nerval; y en español, por medio de la traducción de Mariano Gil y Sanz en *El Museo Universal* (1867). El paralelo se hacía con una base suficiente, y Rodríguez Correa no deja de notar que las *Rimas* son un libro «más ancho y más completo que aquél».

Para mostrar la intención de los amigos de Bécquer y siguiendo la clasificación que en general realizan los críticos (Gerardo Diego, J. P. Díaz, etc.), he situado en esta edición en los lugares convenientes unos fragmentos del mencionado prólogo de las *Obras completas* de 1871; van en letra cursiva, y representan una cifra o resumen de los cuatro grupos del conjunto. El primero *(Rimas I a XI)* está compuesto por poesías que son un comentario y una reflexión sobre la misma poesía y el fenómeno espiritual de la creación literaria. En el segundo grupo *(Rimas XIII a XXIX)*, el poeta trata del amor y de sus efectos en el alma. El grupo tercero *(Rimas XXX a LI)* se refiere a la decepción y el desengaño, y son las que más se relacionan con Heine. El grupo cuarto *(Rimas LII a LXXVI)* es el más variado, y recoge la depuración última de la experiencia

K

Libro de los gorriones

—

Coleccion de proyectos, argumentos, ideas y planes
de cosas diferentes que se concluiran ó no segun
sople el viento.

De

Gustavo Adolfo Claudio D. Becquer.

1868.

Madrid 17 J⁽⁾

Portada del manuscrito del «Libro de los gorriones»

vivida por el poeta, realizada sobre todo en la
soledad en que queda frente al mundo y a la
muerte. Los fragmentos elegidos del prólogo
de Rodríguez Correa subrayan con expresión
conmovida lo que se presenta en líneas gene-
rales como un proceso que va de la inocencia
al pecado, de la ingenuidad a la decepción.
Entiéndase que esto no ocurre en forma de un
ciclo continuo, sino que se ofrece ante el lector
a saltos, yendo de *Rima* en *Rima*, y a veces en
forma desconcertada y desconcertante. Pero la
intención de unidad queda manifiesta, y así dis-
pone el lector de esta interpretación del conjunto
de las *Rimas* de Bécquer como un libro poéti-
co total, según quisieron establecer sus amigos.

El precioso *Libro de los gorriones* fue a parar
por fortuna en 1896 a los fondos de la Bi-
blioteca Nacional de Madrid; esta Biblioteca,
en 1971 lo publicó con el cuidado que merecía
el importante documento poético. Si bien la
edición de los amigos de Bécquer fue el texto
más común de las *Rimas*, los eruditos y críticos
conocían la existencia del manuscrito, como
ocurre en el estudio, en alemán, de Franz
Schneider (Berna-Leipzig, 1914).

En 1923 un artículo de Domínguez Bordona
dio a conocer las variantes entre el *Libro de
los gorriones* y la edición común de las obras,
pero por el prestigio y difusión que tenía esta
última, las *Rimas* (que son los textos más di-
rectamente afectadas en este caso) siguieron

apareciendo en la forma iniciada en 1871.
En 1944 Rafael Alberti publicó una edición
(Buenos Aires, Pleamar, 1944) con la indicación
de «Primera versión original», y después ya
se tuvieron en cuenta las variantes de diferentes
maneras, como en la de José Pedro Díaz
aparecida en su primera edición en 1963 en
que se anotan las variantes del *Libro de los
gorriones* y también las de la edición de 1871,
hasta la última, de María del Pilar Palomo,
que representa la radical aceptación del ma-
nuscrito becqueriano en su versión inicial.

Sentido poético de las Rimas

Bécquer logra que cada *Rima* tenga una
unidad poética total en contraste con la
brevedad del «argumento» en que se apoya.
A veces este argumento es sólo un estado de
ánimo, algo apenas asible por la palabra orga-
nizada. Con esto, a mi juicio, Bécquer marcó
el derrotero de la poesía moderna. La unidad
interior de un libro de poesía no se constituye
de una manera cerrada, con principio y fin,
ni tiene que mantenerse en un mismo tono
en su extensión.

Bécquer no es un poeta que elabore su
obra en el hervor mismo del motivo que la
inspira, tal como habían pretendido los ro-
mánticos de la exaltación; los asuntos han de

permanecer en el alma del escritor, madurando
lentamente su significación, hasta que después
salen fuera en un esfuerzo artístico (artificial,
como a él le gustó llamar), cuyo resultado
último, y pobre, es la poesía escrita. Por eso
estimo que cada *Rima* es en sí total y absoluta-
mente un poema, y que sólo en un grado
relativo puede considerarse relacionada con
las otras. El esfuerzo de los amigos de Bécquer
es laudable, pero parte de una concepción de
unidad que no creo que Bécquer hubiese
considerado; es válido desde el punto de vista
de los editores y merece que el lector lo tenga
en cuenta, puesto que refleja una interpretación
inmediata y fiel de un grupo excepcional de
conocedores de la obra. Además, el hecho de
esta elaboración de la poesía, ajena al autor
pero en una relación cordial con él, representa
un efecto del poder creador de la obra que
sobrepasa la vida del propio poeta.

Los asuntos de las *Rimas* son variados, pero
de cerca o de lejos tocan la intimidad poetizable
de Bécquer o, al menos, lo que él eligió como
tal, seleccionándola por entre el turbión de
excitaciones que había rodeado en vida al poeta.
Ocurre también que Bécquer adopta una «pos-
tura» reconocible con respecto al mundo exte-
rior: se muestra en algunas *Rimas* como
arqueólogo sensible; otras veces se percibe en
ellas el murmullo de la vida social, de la que
no fue enteramente ajeno (de ahí la poesía

de álbum que conservamos de él, o las referencias a las reuniones sociales en las que encuentra a la amada, y el uso de las frases banales de cortesía o los coros de curiosos que rodean a los amantes, etc.). Con todo, pensemos en la limitación que ofrece su poesía; quedan fuera de ella grandes grupos de temas, tanto del pasado de la nación como del presente que lo rodeaba. La limitación del asunto poético —voluntaria, por su parte— a su sola experiencia, y aun dentro de ella, a los asuntos del amor y de la muerte, reducen su trascendencia. Bécquer no es un poeta de resonancia patriótica ni social, ni consideraba que éstas y otras cuestiones fuesen asunto para la lírica que propugnaba; apenas el apunte de un fondo medievalizante, un esbozo arquitectónico, el leve apoyo en una nota natural —flor, jardín, etc.— bastan para completar la exposición del caso poético. Pero si la tradición cultural no aparece en las manifestaciones temáticas de la poesía, se halla, sin embargo, en la entraña de la lengua literaria que usa, decantación apuradísima de la literatura española y, en especial, de la sevillana.

Los críticos literarios, ya en vida de Bécquer, percibieron sus preferencias por la corriente de la moda germánica, que se extendió de 1850 a 1880. Heine pasó a ser el maestro admirado a través del posible acercamiento que podía alcanzarse por medio de las traducciones fran-

cesas (como las de Gérard de Nerval) o espa-
ñoles (Eulogio Florentino Sanz, Ángel María
Dacarrete y Augusto Ferrán); o puede que,
con gran esfuerzo, acercándose a los originales
alemanés. Lo mismo le ocurrió, entre otros,
con Bürger, Uhland, Schlegel, Goethe, Schiller,
Grün, Novalis y Rückert. Se impuso la moda
del poema breve y seco, que contiene un
trallazo en ocasiones, y otras sabe ser humana-
mente tierno. Y Bécquer supo recoger la gran
lección de la poesía popular, que venía a
coincidir en ciertos aspectos con sus gustos
poéticos. Como Ferrán, sabía que no podía
haber una identidad entre la poesía popular
y la de autor, pero sí un acercamiento reno-
vador. Ya Cecilia Böhl de Faber, por su pro-
genie y educación germánicas, había reunido
testimonios de la poesía popular, y Bécquer
se acerca en forma creadora a esta poesía, como
habían hecho los alemanes de moda. Pero con
estas indicaciones no acaba el catálogo de
sus preferencias. Bécquer leyó mucho, sobre
todo en las mesas de las redacciones, y puede
que los periódicos extranjeros —franceses, sobre
todo— que llegaban a ellas, fuesen parte de
su fuente de información. Y, además, hay que
contar también con los libros. Así se encuentra
en su obra huellas de los franceses Musset,
Lamartine, Nerval, Baudelaire; de los ingleses
Byron y Poe, con un gusto de fondo por
Shakespeare; y de Horacio y de Dante, el maestro

medieval. La nota oriental existe a través de las traducciones del conde de Noroña, y se encuentra también la resonancia de la India. Bécquer fue asimismo un buen conocedor de la música; sus colaboraciones en las zarzuelas representaron una aplicación activa en este arte, y en su obra menciona a los grandes músicos Wagner, Beethoven, Weber, Verdi, Rossini, Bellini.

Contando con estos precedentes y paralelos, que estaban en el ambiente de la época, Bécquer reduce el contenido de la poesía a lo que él estima que es genuinamente poético. Del grande y variado espectáculo del mundo, sólo deja lo que en él representan muy diversas inquietudes humanas: meditar poéticamente sobre lo que sea la misma poesía; la ilusión y el placer o el dolor que resultan de la experiencia del amor que se anuncia, que acontece o que pasó; lo que del proceso del amor queda como recuerdo intuitivo de la emoción vivida, chispazos del proceso amoroso que actúan como un flas poético que fijase situaciones elegidas por el poeta como fundamentalmente líricas de entre las que constituyen la continuidad de una vida. Las *Rimas* detienen el tiempo de amor —alegrías y penas— y lo revelan sólo matizadamente en blanco y negro, con el contraste de las luces interiores del poeta. Y deslizándose más hondo, Bécquer deja que también los sueños cuenten como una realidad de poesía, y sean un medio para adentrarse en los aspectos confusos y vagos de la vida hacia un mundo de misterio. Y a esto podemos añadir el dolor de la enfermedad, que tanto hubo de sufrir, y su poca salud, y con todo, el intuido temor de una muerte cierta, inevitable, que él sabía aguardaba en cualquier parte (y fue en el imperial de un ómnibus, como pudo haber sido en cualquier otro lugar). Se ha discutido mucho sobre el sentido del escepticismo que ofrece alguna parte de la obra de Bécquer; el cantor de las delicadezas del amor se muestra a veces cruel y negativo: una actitud misógina sería la última consecuencia, pero las *Rimas* no han de considerarse como un proceso, sino como aspectos diferentes de la vida, aparentemente incompatibles, paradójicos. Lo mismo ocurre con el sentido trascendente de la vida en un autor que tanto exaltó la manifestación artística de la religiosidad. Bécquer nos ha de dejar siempre insatisfechos y pensativos; ésa creo que era su intención.

ACTUALIDAD DE LAS RIMAS

Los amigos de Bécquer acertaron. En 1877, seis años después de publicada la primera edición, apareció otra, a la que Rodríguez Correa añadió un nuevo prólogo, en el que dice: «La primera edición, que editó la caridad, agotóse hace un año, y el que murió oscuro y pobre es ya gloria de su patria y admiración de otros países, pues apenas hay lengua culta donde no se haya traducido sus poesías o su prosa.» Aunque Rodríguez Correa usa un lenguaje de circunstancias —pues cinco años es demasiado tiempo para que se agote una edición de «éxito»—, lo que dice marca la tónica de la difusión de Bécquer, que ha sido progresivamente creciente. La crítica literaria ha acompañado a esta propagación con un reconocimiento cada vez más apurado de las condiciones de su poesía, y son muchos los poetas actuales que lo ponen en la cabeza de la lírica contemporánea.

Es cierto que desde 1870 y hasta hoy han pasado muchas aguas bajo los puentes de la literatura, pero la poesía de Bécquer puede ofrecer aún algo válido para el hombre actual. A pesar de que las palabras y los hechos del amor en nuestro tiempo pueden parecer distintos, las *Rimas* de Bécquer se refieren a situaciones humanas que nunca dejan de ser actuales; despojadas, como están, de las adherencias circunstanciales, muchas de ellas son hoy tan válidas como cuando se escribieron. La limitación que realizó Bécquer con los asuntos de sus *Rimas* marcó el ámbito de la poesía tal como lo habían de entender los poetas del siglo XX. Si bien es cierto que carga la mano en la participación de la mujer, por este medio dio en el camino de las preocupaciones humanas que después seguirían otros poetas. Y es un hecho bien sabido que Bécquer, aun contando con el reconocimiento de los escritores cultos, es uno de los autores más populares. A poco que alguien sepa algo de literatura, conoce el nombre de Bécquer y ha leído alguna de sus obras. Leer a Bécquer, por tanto, es una experiencia que aconteció o que aguarda a los adolescentes españoles; después, su recuerdo no se diluye, y en cada nueva lectura se percibe su autenticidad sentimental con la que no podemos dejar sentirnos identificados. Ése es el límite en que comienza la aventura de la poesía moderna; por la puerta de Bécquer se entraron sucesivamente los poetas que reconocerían que la poesía tenía que ser una experiencia trascendida en palabra. Escribir poesía después de la lección de Bécquer representa establecer el testimonio más auténtico posible de la intimidad vivida, participada por medio del idioma escrito. El camino quedó abierto para los poetas que siguieron; cuando muere Bécquer sólo faltan treinta años para alcanzar nuestro siglo.

BREVE ORIENTACIÓN BIBLIOGRÁFICA

1. BIBLIOGRAFÍA GENERAL

Rubén BENÍTEZ, *Ensayo de bibliografía razonada de Gustavo Adolfo Bécquer*, Buenos Aires, Universidad, 1961.

Juan María DÍEZ TABOADA, *Bibliografía sobre Gustavo Adolfo Bécquer*, en *Revista de Filología Española*, LII, 1969, págs. 651-695; con un «Suplemento» publicado en el *Boletín de Filología Española*, 46-49, 1973, páginas 47-60.

Iris M. ZAVALA, «La poesía romántica: Bécquer y Rosalía», en *Romanticismo y Realismo*, vol. V de la *Historia y crítica de la literatura española*, al cuidado de Francisco Rico, Barcelona, Ed. Crítica, 1982, págs. 239-245. Orientación bibliográfica reciente.

2. BIOGRAFÍA DE BÉCQUER

Rica BROWN, *Bécquer*, Barcelona, Aedos, 1963.

Gabriel CELAYA, *Bécquer*, Madrid, Ed. Júcar, 1972. (Publica también las *Rimas*.)

Rafael MONTESINOS, *Bécquer. Biografía e imagen*, Barcelona, Ed. R. M., 1977. Biografía literaria con abundante ilustración gráfica.

3. ESTUDIOS SOBRE LA OBRA DE BÉCQUER:

Rimas:

Edmund L. KING, *Bécquer: From Painter to Poet*, México, Porrúa, 1953.

Juan María DÍEZ TABOADA, *La mujer ideal. Aspectos y fuentes de las «Rimas» de Bécquer*, Madrid, C. S. I. C., 1965.

Rafael de BALBÍN, *Poética becqueriana*, Madrid, Editorial Prensa Española, 1969.

José Pedro DÍAZ, *Gustavo Adolfo Bécquer. Vida y poesía*, Madrid, Gredos, 1971, 3.ª edición.

Prosa:

Arturo BERENGUER CARISOMO, *La prosa de Bécquer*, Sevilla. Publicaciones de la Universidad, 1974. (Segunda edición, corregida y aumentada, de la primera, Buenos Aires, Hachette, 1947.)

Francisco LÓPEZ ESTRADA, *Poética para una poeta: las «Cartas literarias a una mujer» de Bécquer*, Madrid, Gredos, 1972. Contiene un amplio estudio y el texto de las *Cartas*.

Leyendas:

Rubén BENÍTEZ, *Bécquer tradicionalista*, Madrid, Gredos, 1971.

Manuel GARCÍA-VIÑÓ, *Mundo y trasmundo de las leyendas de Bécquer*, Madrid, Gredos, 1970.

Textos:

a) *Obras Completas:*

Gustavo Adolfo BÉCQUER, *Obras Completas*, Madrid, Aguilar, 1973, 13.ª edición.

b) Rimas:

Gustavo Adolfo Bécquer, *Libro de los gorriones*. Edición facsímil. *Introducción sinfónica. La mujer de piedra. Rimas,* Madrid, Dirección General de Archivos y Bibliotecas, 1971. Nota preliminar y transcripción de los textos en prosa de Guillermo Guastavino Gallent. Estudio y transcripción de las *Rimas* de Rafael de Balbín y Antonio Roldán.

Gustavo Adolfo Bécquer, *Libro de los gorriones,* Madrid, Cupsa Editorial, 1977, edición, introducción y notas de María del Pilar Palomo. Publica el texto del *Libro de los gorriones* según el texto no corregido del autógrafo completo, y consignando en nota las variantes.

Gustavo Adolfo Bécquer, *Rimas de...,* Madrid, C. S. I. C., 1972, edición anotada por Robert Pageard, publicadas por orden cronológico de su aparición.

Bécquer, *Rimas,* Madrid, Espasa-Calpe, 3.ª edición, 1976, tomo 158 de la colección «Clásicos Castellanos», edición, introducción y notas de José Pedro Díaz, según el texto corregido del *Libro de los gorriones* y variantes, con el orden de la edición de 1871.

Gustavo Adolfo Bécquer, *Rimas,* Madrid, Castalia, 1982, edición, introducción y notas de José Carlos de Torres. Con el orden de la edición de 1871, se basa en el *Libro de los gorriones* y aprovecha las variantes que le parecen mejor.

Gustavo Adolfo Bécquer, *Rimas y prosas,* Madrid, Ediciones Rialp, 1968, edición y prólogo de Rafael de Balbín y Antonio Roldán. Publica las *Rimas* ordenándolas «sobre la aventura existencial de Bécquer».

c) Prosa:

Gustavo Adolfo Bécquer, *Páginas abandonadas,* Madrid, Valera, 1948, edición de Dionisio Gamallo Fierros (con varios estudios sobre el poeta y la obra menos conocida y atribuida, también con referencias al verso).

Gustavo Adolfo BÉCQUER, *Leyendas, apólogos y otros relatos*, Barcelona, Labor, 1974, tomo 27 de la colección «Textos hispánicos modernos», edición, prólogo y notas de Rubén Benítez.

Gustavo Adolfo BÉCQUER, *Leyendas*, Madrid, Espasa-Calpe, Austral 36, 1988, edición de Francisco López Estrada y María Teresa López García-Berdoy.

d) Teatro:

Gustavo Adolfo BÉCQUER, *Teatro*, Madrid, C. S. I. C., 1949, Anejo XLII de la *Revista de Filología Española*, edición, estudio preliminar y notas de Juan Antonio Tamayo.

Isabel Román GUTIÉRREZ, *Dos obras teatrales de G. A. Bécquer*, Sevilla, Ayuntamiento, 1985; estudio preliminar sobre el trabajo de Bécquer y edición de *La novia y el pantalón* y *La venta encantada*.

RIMAS
Y
DECLARACIONES POÉTICAS

CRITERIO DE ESTA EDICIÓN

La presente edición tiene un fin divulgador,.y por esto fija un texto preparado con el siguiente criterio:

a) Ordenación. Mantengo el orden de las *Rimas* según lo fijaron los amigos de Bécquer en la edición común de 1871. Los números romanos siguen este orden, y debajo de ellos figura el número en cifras árabes del orden en el *Libro de los gorriones*. Al final de esta serie van las *Rimas* que forman la parte complementaria del conjunto. Las llamo «Otras *Rimas*» y son las siguientes, que figuran en el *Libro de los gorriones:* la LXXVII y la LXXVIII, omitidas por los amigos de Bécquer (¿por considerarlas poco acertadas o por el carácter de su contenido?), la LXXIX, que alguien (acaso el mismo poeta) tachó en el manuscrito. Después van otras poesías que no figuran en el *Libro de los gorriones*, con mención de su procedencia; hasta la LXXXIV les doy el mismo número que J. P. Díaz en su edición.

Como ejemplo de las *Rimas* atribuidas a Béc-quer, he situado al fin de las legítimas las dos más conocidas de este grupo apócrifo. Pertene-cen a Fernando Iglesias Figueroa, que las dio como de Bécquer en unas *Páginas desconocidas de Gustavo Adolfo Bécquer* (Madrid, Renacimiento, 1923 y 1924); Rafael Montesinos, el crítico becqueriano que cité, expuso el caso señalando al mismo tiempo el valor poético intrínseco de ambas piezas poéticas (*Adiós a Elisa Guillén*, en *Ínsula*, 289, diciembre 1970).

b) Se sigue el manuscrito del *Libro de los gorriones*, con las correcciones que figuran en el mismo; sólo en unos pocos casos se restituye el texto antecedente a la corrección, que entonces va entre asteriscos. Sólo consignamos en las notas unas pocas variantes, las más significati-vas para ilustrar este aspecto de la obra de Bécquer. Si preferimos alguna variante de la edición de 1871, estas palabras aparecen entre corchetes. Como los amigos de Bécquer contaron con el *Libro* o con un texto de las *Rimas* muy parecido, no serán grandes las diferencias que el lector encuentre en relación con la versión que más ha corrido hasta aquí. Si algún lector curioso quiere conocer estas variantes y las discusiones que han promovido entre los críti-cos, puede acudir a las ediciones mencionadas en la bibliografía.

c) Las poesías manuscritas por Bécquer están puntuadas de una manera personal y sin atenerse al criterio académico; por otra parte, la edición de 1871 y siguientes responden (contando con la intervención de los amigos de Bécquer) a los criterios comunes de la imprenta. Dado el carácter de la presente edición, he usado los signos de puntuación según el criterio actual de la Academia, procurando interpretar por este medio el desarrollo rítmico de la sintaxis de las *Rimas*. También he dispuesto las líneas de los versos y las estrofas interiores de cada poesía de la manera más armoniosa para el efecto de la impresión. He pretendido poner de relieve de la manera más acusada la organización de las estrofas, que es la parte más original de la métrica becqueriana. Cuando las *Rimas* tuvieron algún epígrafe del propio autor, éste va en su lugar. También he añadido al comienzo de la *Rima* cualquier título que ésta haya tenido, si es que aparece en otra edición de la misma; a veces, he elegido algún párrafo de su obra o de sus amigos para señalar el motivo de alguna *Rima*. Estos añadidos y alguna identificación más de los textos citados van entre paréntesis. He rectificado algunas leves diferencias entre el escrito de Bécquer y la ortografía actual (s-x, g-j, etc.) en favor del uso de hoy. En la medida que me lo ha permitido el carácter del texto, he intentado ser un amigo más de Bécquer que, poco más de un siglo después de la aparición de la edición de 1871, ha querido que los versos del mejor poeta del Romanticismo español salgan otra vez entre los volúmenes de una edición popular.

d) Acompañan a las *Rimas* los siguientes textos en prosa de Bécquer, que se refieren sustancialmente a su teoría de la creación poética:

1) La *Introducción sinfónica*, escrita por Bécquer en las págs. 5-7 del *Libro de los gorriones*, destinada a ser el prólogo del conjunto de obras que tenía la intención de reunir dentro del tomo. Parece ser que se escribió en los días próximos a la fecha de 17 de junio de 1868 que se indica en la cabeza del libro. La *Introducción sinfónica* es una declaración muy personal de la situación sicológica del poeta; en ella lanza fuera de sí las obras que le han atormentado y desea la paz espiritual que se confunde con la muerte.

2) Las *Cartas literarias a una mujer*, publicadas los días 20 de diciembre de 1860, 3 de enero, 4 y 23 de abril de 1861 en *El Contemporáneo*. Ya me referí a ellas antes. Aunque obra incompleta, es fundamental para establecer la poética de Bécquer. Agrupo o separo en algunos casos los párrafos según creo más conveniente para una mejor lectura. Lo mismo que en las *Rimas*, me atengo a la ortografía actual en los pocos casos en

que los artículos presentan alguna divergencia. El texto sigue la versión de *El Contemporáneo*, salvo en las poquísimas ocasiones en que rectifico alguna errata con el texto de las *Obras*, edición de 1877.

Sitúo las *Cartas literarias a una mujer* después de las *Rimas* por la gran relación que tienen con ellas, puesto que las reflexiones estéticas de Bécquer vienen a converger sobre todo en su creación poética.

3) La reseña publicada por Bécquer el 20 de enero de 1861 en *El Contemporáneo* sobre el libro *La soledad* de su amigo Augusto Ferrán (Madrid, 1861). En un tono muy personal, Bécquer plantea el estudio de la canción popular, y distingue la poesía «espiritual», que brota del alma, de la poesía «grandilocuente», que aprovecha todos los artificios de la retórica. Las *Rimas* de Bécquer se guían por el criterio de la poesía que es expresión auténtica de su espíritu, según queda declarado en esta reseña.

Va publicada después de las *Cartas literarias a una mujer*, pues la reseña es un complemento de las mismas, y fue escrita y publicada por el mismo tiempo.

Que no espere más la lectura de Bécquer.

INTRODUCCIÓN SINFÓNICA

Introduccion sinfónica.

Por los tenebrosos rincones de mi cerebro acurrucados y desnudos duermen los extravagantes hijos de mi fantasía esperando en silencio que el Arte los vista de la palabra para poderse presentar decentes en la escena del mundo.

Fecunda, como el lecho de amor de la miseria y parecida á esos padres que enjendran mas hijos de los que pueden alimentar, mi Musa concibe y pare en el misterioso santuario de la cabeza, poblandola de creaciones sin número á las cuales, ni mi actividad ni todos los años que me restan de vida serian suficientes á dar forma.

Y aqui dentro, desnudos y deformes, revueltos y barajados en indescriptible confusion los siento á veces agitarse y vivir con una vida oscura y estraña, semejante á la de esas miriadas de gérmenes que hierven y se estremecen en una eterna incubacion dentro de las entrañas de la tierra, sin encontrar fuerzas bastantes para salir á la superficie y convertirse al beso del sol en flores y frutos.

Conmigo van, desterrados á morir conmigo, sin que de ellos quede otro rastro que el que deja un sueño de la media noche que á la mañana no pueda recordarse. En algunas ocasiones y ante esta idea terrible se sublevan en ellos el instinto de la vida y agitandose en terrible aunque silencioso tumulto buscan en tropel por donde salir á la luz, de las tinieblas en que viven. Pero ¡ay! que entre el mundo de la idea y el de la forma existe un abismo que solo puede salvar la palabra y la palabra tímida y perezosa se niega á secundar sus esfuerzos. Mudos, sombrios e impotentes, despues de la inútil lucha vuelven á caer en su antiguo marasmo. Tal caen inertes en los surcos de las sendas, si cesa el viento, las hojas amarillas que levantó el remolino.

Estas sediciones de los rebeldes hijos de la imajinacion explican algunas de mis fiebres; ellas son la causa desconocida

---

Facsímil de la primera página del «Libro de los gorriones»

Por los tenebrosos rincones de mi cerebro, acurrucados y desnudos, duermen los extravagantes hijos de mi fantasía, esperando en silencio que el arte los vista de la palabra para poderse presentar decentes en la escena del mundo.

Fecunda, como el lecho de amor de la miseria, y parecida a esos padres que engendran más hijos de los que pueden alimentar, mi musa concibe y pare en el misterioso santuario de la cabeza, poblándola de creaciones sin número, a las cuales ni mi actividad ni todos los años que me restan de vida serían suficientes a dar forma.

Y aquí dentro, desnudos y deformes, revueltos y barajados en indescriptible confusión, los siento a veces agitarse y vivir con una vida oscura y extraña, semejante a la de esas miríadas de gérmenes[1] que hierven y se estremecen en una eterna incubación dentro de las

entrañas de la tierra, sin encontrar fuerzas
bastantes para salir a la superficie y convertirse,
al beso del sol, en flores y frutos.

Conmigo van, destinados a morir conmigo, sin
que de ellos quede otro rastro que el que deja un
sueño de la media noche, que a la mañana no
puede recordarse. En algunas ocasiones, y ante
esta idea terrible, se subleva en ellos el instinto
de la vida y, agitándose en terrible aunque
silencioso tumulto, buscan en tropel por donde
salir a la luz, de las tinieblas en que viven.
Pero, ¡ay, que entre el mundo de la idea y el
de la forma existe un abismo que sólo puede
salvar la palabra; y la palabra, tímida y pere-
zosa, se niega a secundar sus esfuerzos! Mudos,
sombríos e impotentes, después de la inútil
lucha vuelven a caer en su antiguo marasmo;
tal caen inertes en los surcos de las sendas,
si cae el viento, las hojas amarillas que levantó
el remolino.

Estas sediciones de los rebeldes hijos de la
imaginación explican algunas de mis fiebres;
ellas son la causa, desconocida para la ciencia,
de mis exaltaciones y mis abatimientos. Y así,
aunque mal, vengo viviendo hasta aquí: pa-
seando por entre la indiferente multitud esta
silenciosa tempestad de mi cabeza. Así vengo
viviendo, pero todas las cosas tienen un tér-
mino, y a éstas hay que ponerles punto.

El insomnio y la fantasía siguen y siguen
procreando en monstruoso maridaje. Sus crea-

ciones, apretadas ya, como las raquíticas plantas de un vivero, pugnan por dilatar su fantástica existencia, disputándose los átomos de la memoria como el escaso jugo de una tierra estéril. Necesario es abrir paso a las aguas profundas, que acabarán por romper el dique, diariamente aumentadas por un manantial vivo.

¡Andad, pues! Andad y vivid con la única vida que puedo daros. Mi inteligencia os nutrirá lo suficiente para que seáis palpables. Os vestirá, aunque sea de harapos, lo bastante para que no avergüence vuestra desnudez. Yo quisiera forjar para cada uno de vosotros una maravillosa estofa tejida de frases exquisitas, en las que os pudierais envolver con orgullo como en un manto de púrpura. Yo quisiera poder cincelar la forma que ha de conteneros, como se cincela el vaso de oro que ha de guardar un preciado perfume. ¡Mas es imposible!

No obstante, necesito descansar; necesito, del mismo modo que se sangra el cuerpo por cuyas hinchadas venas se precipita la sangre con pletórico empuje, desahogar el cerebro, insuficiente a contener tantos absurdos.

Quedad, pues, consignados aquí, como la estela nebulosa que señala el paso de un desconocido cometa, como los átomos dispersos de un mundo en embrión que avienta por el aire la muerte antes que su Creador haya podido pronunciar el *fiat lux* que separa la claridad de las sombras.

No quiero que en mis noches sin sueño volváis a pasar por delante de mis ojos en extravagante procesión, pidiéndome con gestos y contorsiones que os saque a la vida de la realidad del limbo en que vivís, semejantes a fantasmas sin consistencia. No quiero que al romperse este arpa vieja —y cascada ya— se pierdan a la vez que el instrumento las ignoradas notas que contenía. Deseo ocuparme un poco del mundo que me rodea, pudiendo, una vez vacío, apartar los ojos de este otro mundo que llevo dentro de la cabeza. El sentido común, que es la barrera de los sueños, comienza a flaquear, y las gentes de diversos campos se mezclan y confunden. Me cuesta trabajo saber qué casos he soñado y cuáles me han sucedido; mis afectos se reparten entre fantasmas de la imaginación y personajes reales; mi memoria clasifica revueltos, nombres y fechas de mujeres y días que han muerto o han pasado con los de días y mujeres que no han existido sino en mi mente. Preciso es acabar arrojándoos de la cabeza de una vez para siempre.

Si *morir es dormir*, quiero dormir en paz en la noche de la muerte sin que vengáis a ser mi pesadilla, maldiciéndome por haberos condenado a la nada antes de haber nacido. Id, pues, al mundo a cuyo contacto fuisteis engendrados, y quedad en él como el eco que encontraron en un alma que pasó por la tierra, sus alegrías y sus dolores, sus esperanzas y sus luchas.

Tal vez muy pronto tendré que hacer la maleta para el gran viaje; de una hora a otra puede desligarse el espíritu de la materia para remontarse a regiones más puras. No quiero, cuando esto suceda, llevar conmigo, como el abigarrado equipaje de un saltimbanqui, el tesoro de oropeles[2] y guiñapos que ha ido acumulando la fantasía en los desvanes del cerebro.

RIMAS

(Sobre Bécquer)

*La poesía de Bécquer —sigue hablando Mairena
a sus alumnos—, tan clara y transparente, don-
de todo parece escrito para ser entendido, tiene
su encanto, sin embargo, al margen de la lógica.
Es palabra en el tiempo, el tiempo psíquico irre-
versible, en el cuál nada se infiere ni se deduce.
En su discurso rige un principio de contradicción
propiamente dicho: sí, pero no; volverán, no vol-
verán. ¡Qué lejos estamos, en el alma de Bécquer,
de esa terrible máquina de silogismos que funciona
bajo la espesa y enmarañada imaginería de aquellos
ilustres barrocos de su tierra! ¿Un sevillano Béc-
quer? Sí; pero a la manera de Velázquez, enjaula-
dor, encantador del tiempo. Ya hablaremos de eso
otro día. Recordemos hoy a Gustavo Adolfo, el de
las rimas pobres, la asonancia indefinida y los
cuatro verbos por cada adjetivo definidor. Alguien
[Eugenio d'Ors] ha dicho, con indudable acierto:
«Bécquer, un acordeón tocado por un ángel.» Con-
forme: el ángel de la verdadera poesía.*

El Sol, *8 de marzo de 1936.*

Antonio Machado, *Juan de Mairena*.
ed. J. M. Valverde, Madrid, Casta-
lia, 1972, págs. 239-240.

I

«*Todas las Rimas de Gustavo forman, como el* Intermezzo *de Heine, un poema, más ancho y completo que aquél, en que se encierra la vida de un poeta.*

Son, primero, las aspiraciones de un corazón ardiente, que busca en el arte la realización de sus deseos, dudando de su destino... Siéntese poeta...»

I
11

Yo sé un himno gigante y extraño
que anuncia en la noche del alma una aurora,
y estas páginas son de ese himno
cadencias que el aire dilata en las sombras.

Yo quisiera escribirle, del hombre
domando el rebelde, mezquino idïoma,
con palabras que fuesen a un tiempo
suspiros y risas, colores y notas.

Pero en vano es luchar, que no hay cifra[1]
capaz de encerrarle; y apenas, ¡oh, hermosa!,
si, teniendo en mis manos las tuyas,
pudiera, al oído, cantártelo a solas.

II
15

Saeta que voladora
cruza, arrojada al azar,
y que no se sabe dónde
temblando se clavará;

hoja que del árbol seca
arrebata el vendaval,
sin que nadie acierte el surco
donde al polvo volverá;

gigante ola que el viento
riza y empuja en el mar,
y rueda y pasa, y se ignora
qué playa buscando va;

luz que en cercos temblorosos
brilla, próxima a expirar,
y que no se sabe de ellos
cuál el último será;

eso soy yo, que al acaso[1]
cruzo el mundo sin pensar
de dónde vengo ni a dónde
mis pasos me llevarán.

III
42

Sacudimiento extraño
que agita las ideas,
como huracán que empuja
las olas en tropel;

Murmullo que en el alma
se eleva y va creciendo,
como volcán que sordo
anuncia que va a arder;

Deformes silüetas
de seres imposibles;
paisajes que aparecen
como al través de un tul;

Colores que fundiéndose
remedan en el aire
los átomos[1] del iris
que nadan en la luz;

Ideas sin palabras,
palabras sin sentido;
cadencias que no tienen
ni ritmo ni compás;

Memorias y deseos
de cosas que no existen;
accesos de alegría,
impulsos de llorar;

Actividad nerviosa
que no halla en qué emplearse;
sin riendas que le guíe
caballo volador;

Locura que el espíritu
exalta y desfallece;
embriaguez divina
del genio creador...
Tal es la inspiración.

*

Gigante voz que el caos
ordena en el cerebro
y entre las sombras hace
la luz aparecer;

Brillante rienda de oro
que poderosa enfrena
de la exaltada mente
el volador corcel[2];

Hilo de luz que en haces[3]
los pensamientos ata;
sol que las nubes rompe
y toca en el zenit[4];

Inteligente mano
que en un collar de perlas
consigue las indóciles
palabras reünir;

Armonïoso ritmo
que con cadencia y número
las fugitivas notas
encierra en el compás;

Cincel que el bloque muerde
la estatua modelando,
y la belleza plástica
añade a la ideal;

Atmósfera en que giran
con orden las ideas,
cual átomos que agrupa
recóndita atracción;

Raudal en cuyas ondas
su sed la fiebre apaga;
oasis que al espíritu
devuelve su vigor...
Tal es nuestra razón.

*

Con ambas siempre en lucha, ·
y de ambas vencedor,
tan sólo al genio es dado
a un yugo atar las dos.

IV
39

No digáis que, agotado su tesoro,
de asuntos falta, enmudeció la lira;
podrá no haber poetas, pero siempre
        habrá poesía.

Mientras las ondas de la luz al beso
        palpiten encendidas,
mientras el sol las desgarradas nubes
        de fuego y oro vista,
mientras el aire en su regazo lleve
        perfumes y armonías,
mientras haya en el mundo primavera.
        ¡habrá poesía!

Mientras* la humana ciencia no descubra*
        las fuentes de la vida,
y en el mar o en el cielo haya un abismo
        que al cálculo resista,
mientras la humanidad siempre avanzando
        no sepa a dó camina,
mientras haya un misterio para el hombre,
        ¡habrá poesía!

Mientras se sienta que se ríe el alma,
    sin que los labios rían;
mientras se llore, sin que el llanto acuda
    a nublar la pupila;
mientras el corazón y la cabeza
    batallando prosigan,
mientras haya esperanzas y recuerdos,
    ¡habrá poesía!

Mientras haya unos ojos que reflejen
    los ojos que los miran,
mientras responda el labio suspirando
    al labio que suspira,
mientras sentirse puedan en un beso
    dos almas confundidas,
mientras exista una mujer hermosa,
    ¡habrá poesía!

V*
62

Espíritu sin nombre,
indefinible esencia,
yo vivo con la vida
sin formas de la idea.

Yo nado en el vacío,
del sol tiemblo en la hoguera,
palpito entre las sombras
y floto con las nieblas.

Yo soy el fleco de oro
de la lejana estrella,
yo soy de la alta luna
la luz tibia y serena.

Yo soy la ardiente nube
que en el ocaso ondea,
yo soy del astro errante
la luminosa estela.

Yo soy nieve en las cumbres,
soy fuego en las arenas,
azul onda en los mares
y espuma en las riberas.

En el laúd, soy nota,
perfume en la violeta,
fugaz llama en las tumbas
y en las ruinas, yedra[1].

Yo atrueno en el torrente
y silbo en la centella,
y ciego en el relámpago
y rujo en la tormenta.

Yo río en los alcores,
susurro en la alta yerba,
suspiro en la onda pura,
y lloro en la hoja seca.

Yo ondulo con los átomos
del humo que se eleva
y al cielo lento sube
en espiral inmensa.

Yo, en los dorados hilos
que los insectos cuelgan,
me mezco entre los árboles
en la ardorosa siesta.

Yo corro tras las ninfas
que, en la corriente fresca
del cristalino arroyo,
desnudas juguetean.

Yo, en bosques de corales
que alfombran blancas perlas,
persigo en el océano
las náyades ligeras.

Yo, en las cavernas cóncavas
do el sol nunca penetra,
mezclándome a los gnomos,
contemplo sus riquezas.

Yo busco de los siglos
las ya borradas huellas,
y sé de esos imperios
de que ni el nombre queda.

Yo sigo en raudo vértigo
los mundos que voltean,
y mi pupila abarca
la creación entera.

Yo sé de esas regiones
a do un rumor no llega,
y donde informes astros
de vida un soplo esperan.

Yo soy sobre el abismo
el puente que atraviesa,
yo soy la ignota[2] escala
que el cielo une a la tierra.

Yo soy el invisible
anillo que sujeta
el mundo de la forma
al mundo de la idea.

Yo, en fin, soy ese espíritu,
desconocida esencia,
perfume misterioso
de que es vaso el poeta.

Primero es un albor trémulo y vago
raya de inquieta luz que corta el mar
luego chispea y crece y se ~~difumina~~ dilata
en ~~ardiente~~ ~~juguete~~ explosión de claridad.

La brilladora lumbre es la alegría,
la temerosa sombra es el pesar.
¡Ay! en la oscura noche de mi alma
¿cuándo amanecerá?

Como la brisa que la sangre orea
sobre el oscuro campo de batalla,
cargada de perfume y armonías
en el silencio de la noche vaga;

Símbolo del dolor y la ternura,
del bardo inglés en el horrible drama,
la dulce Ofelia, la razón perdida,
cogiendo flores y cantando pasa.

Rimas *LXII* y *VI* del *Libro de los gorriones*. Obsérvese en la
primera las correcciones de texto

VI
57

Como la brisa que la sangre orea[1]
sobre el oscuro campo de batalla,
cargada de perfumes y armonías
en el silencio de la noche vaga:

Símbolo del dolor y la ternura,
del bardo inglés[2] en el horrible drama,
la dulce Ofelia, la razón perdida,
cogiendo flores y cantando pasa.

VII*
13

Del salón en el ángulo oscuro,
de su dueña tal vez olvidada,
silenciosa y cubierta de polvo,
         veíase el arpa.

¡Cuánta nota dormía en sus cuerdas,
como el pájaro duerme en las ramas,
esperando la mano de nieve
         que sabe arrancarlas!

¡Ay! —pensé— ¡cuántas veces el genio
así duerme en el fondo del alma,
y una voz, como Lázaro, espera
que le diga «¡Levántate y anda!»

VIII
25

Cuando miro el azul horizonte
perderse a lo lejos,
al través de una gasa de polvo
dorado e inquieto,
me parece posible arrancarme
del mísero suelo
y flotar con la niebla dorada
en átomos leves,
cual ella deshecho.

Cuando miro de noche en el fondo
oscuro del cielo
las estrellas temblar como ardientes
pupilas de fuego,
me parece posible a do brillan
subir en un vuelo
y anegarme en su luz, y con ellas
en lumbre encendido
fundirme en un beso.

En el mar de la duda en que bogo
ni aun sé lo que creo;
sin embargo estas ansias me dicen
que yo llevo algo
divino aquí dentro.

IX
27

Besa el aura que gime blandamente
las leves ondas que jugando riza;
el sol besa a la nube en occidente,
y de púrpura y oro la matiza;
la llama, en derredor del tronco ardiente,
por besar a otra llama se desliza;
y hasta el sauce, inclinándose a su peso,
al río que le besa, vuelve un beso.

X
46

(«Su gozo [el de Bécquer] era fugaz
como el tránsito de los días primaverales,
una ilusión, un desvanecimiento de un
instante...»

Narciso Campillo, artículo necroló-
gico del poeta, «La Ilustración de
Madrid», 15 de enero de 1871.)

Los invisibles átomos del aire
en derredor palpitan y se inflaman,
el cielo se deshace en rayos de oro,
la tierra se estremece alborozada.

Oigo, flotando en olas de armonías,
rumor de besos y batir de alas;
mis párpados se cierran... ¿Qué sucede?
*¿Dime?
          — ¡Silencio!* ¡Es el amor que pasa!

XI
51

—Yo soy ardiente, yo soy morena,
yo soy el símbolo de la pasión;
de ansia de goces mi alma está llena;
¿A mí me buscas?
                    —No es a ti, no.

—Mi frente es pálida, mis trenzas de oro;
puedo brindarte dichas sin fin;
yo de ternura guardo un tesoro:
¿A mí me llamas?
                    —No, no es a ti.

—Yo soy un sueño, un imposible,
vano fantasma de niebla y luz;
soy incorpórea, soy intangible;
no puedo amarte.
                    —¡Oh, ven, ven tú!

«No encontrando realizada su ilusión en la gloria, vuélvese espontáneamente hacia el amor, realismo del arte, y se entrega a él y goza un momento, y sufre y llora, y desespera largos días, porque es condición humana, indiscutible, como un hecho consumado, que el goce menor se paga aquí con los sufrimientos más atroces. Anúnciase esta nueva fase en la vida del poeta con la magnífica composición que, no sé por qué, me recuerda la atrevida manera de decir de Dante: "Los invisibles átomos del aire..." Sigue luego desenvolviéndose el tema de una pasión profunda, tan sentida como espontánea. Una mujer hermosa, tan naturalmente hermosa que [...] conmueve y fija el corazón del poeta, que se abre al amor, olvidándose de cuanto le rodea. La pasión es desde su principio inmensa, avasalladora, y con razón puesto que se ve correspondida, o, a lo menos, parece satisfecha del objeto que la inspira: una mujer hermosa, aunque sin otra buena cualidad, porque es ingrata y estúpida.»

XII
79

Porque son, niña, tus ojos
verdes como el mar, te quejas;
verdes los tienen las náyades,
verdes los tuvo Minerva,
y verdes son las pupilas
de las *hourís*[1] del Profeta.

El verde es gala y ornato
del bosque en la primavera;
entre sus siete colores
brillante el iris lo ostenta;
las esmeraldas son verdes;
verde el color del que espera,
y las ondas del océano
y el laurel de los poetas.

*

Es tu mejilla temprana
rosa de escarcha cubierta,
en que el carmín de los pétalos
se ve al través de las perlas.

Y, sin embargo,
sé que te quejas
porque tus ojos
crees que la afean,
pues no lo creas,

que parecen sus pupilas
húmedas, verdes e inquietas,
tempranas hojas de almendro
que al soplo del aire tiemblan.

*

Es tu boca de rubíes
purpúrea[2] granada abierta
que en el estío convida
a apagar la sed con ella.

Y, sin embargo,
sé que te quejas
porque tus ojos
crees que la afean,
pues no lo creas,

que parecen, si enojada
tus pupilas centellean,
las olas del mar que rompen
en las cantábricas peñas.

*

Es tu frente que corona,
crespo[3] el oro en ancha trenza,
nevada cumbre en que el día
su postrera luz refleja.

Y, *sin embargo,*
sé que te quejas
porque tus ojos
crees que la afean,
pues no lo creas,

que, entre las rubias pestañas,
junto a las sienes semejan
broches de esmeralda y oro
que un blanco armiño sujetan.

*

Porque son, niña, tus ojos
verdes como el mar te quejas;
quizás, si negros o azules
se tornasen, lo sintieras.

XIII
29

(Imitación de Byron)

Tu pupila es azul y, cuando ríes,
su claridad süave me recuerda
el trémulo¹ fulgor de la mañana
que en el mar se refleja.

Tu pupila es azul y, cuando lloras,
las trasparentes lágrimas en ella
se me figuran gotas de rocío
sobre una vïoleta.

Tu pupila es azul y, si en su fondo
como un punto de luz radia una idea,
me parece en el cielo de la tarde
una perdida estrella.

XIV
72

Te vi un punto[1] y, flotando ante mis ojos,
la imagen de sus ojos se quedó,
como la mancha oscura orlada en fuego
que flota y ciega si se mira al sol.

Adondequiera que la vista clavo,
torno a ver sus pupilas llamear,
mas no te encuentro a ti, que es tu mirada,
unos ojos, los tuyos, nada más.

De mi alcoba en el ángulo los miro
desasidos fantásticos lucir;
cuando duermo los siento que se ciernen,
de par en par abiertos sobre mí.

Yo sé que hay fuegos fatuos que en la noche
llevan al caminante a perecer;
yo me siento arrastrado por tus ojos,
pero adónde me arrastran, no lo sé.

XV
60

(Tú y yo.
                    Melodía.)

Cendal¹ flotante de leve bruma,
rizada cinta de blanca espuma,
            rumor sonoro
            de arpa de oro,
beso del aura,² onda de luz:
            eso eres tú.

    Tú, sombra aérea, que cuantas veces
voy a tocarte, te desvaneces
¡como la llama, como el sonido,
como la niebla, como el gemido
            del lago azul!

    En mar sin playas onda sonante,
en el vacío³ cometa errante,
            largo lamento
            del ronco viento,
ansia perpetua de algo mejor:
            eso soy yo.

Yo, que a tus ojos, en mi agonía,
los ojos vuelvo de noche y día;
yo, que incansable corro, y demente,
¡tras una sombra, tras la hija ardiente
de una visión!

XVI
43

(Serenata)

Si al mecer las azules campanillas
             de tu balcón,
crees que suspirando pasa el viento
             murmurador,
sabe que, oculto entre las verdes hojas,
             suspiro yo.

Si al resonar confuso a tus espaldas
             vago rumor,
crees que por tu nombre te ha llamado
             lejana voz,
sabe que, entre las sombras que te cercan,
             te llamo yo.

Si se turba medroso en la alta noche
             tu corazón,
al sentir en tus labios un aliento
             abrasador,
sabe que, aunque invisible, al lado tuyo,
             respiro yo.

XVII
50

Hoy la tierra y los cielos me sonríen,
hoy llega al fondo de mi alma el sol,
hoy la he visto... La he visto y me ha mirado...
¡Hoy creo en Dios!

XVIII
6

Fatigada del baile,
encendido el color, breve el aliento,
apoyada en mi brazo,
del salón se detuvo en un extremo.

Entre la leve gasa
que levantaba el palpitante seno,
una flor se mecía
en compasado y dulce movimiento.

Como en cuna de nácar
que empuja el mar y que acaricia el céfiro,
*dormir parecía al blando
arrullo* de sus labios entreabiertos.

¡Oh, quién así —pensaba—
dejar pudiera deslizarse el tiempo!
¡Oh, si las flores duermen,
qué dulcísimo sueño!

XIX
52

Cuando sobre el pecho inclinas
la melancólica frente,
una azucena tronchada
    me pareces.

Porque al darte la pureza
de que es símbolo celeste,
como a ella te hizo Dios
    de oro y nieve.

XX
37

Sabe, si alguna vez tus labios rojos
quema invisible atmósfera abrasada,
que el alma que hablar puede con los ojos,
también puede besar con la mirada.

XXI
21

—¿Qué es poesía?, dices, mientras clavas
en mi pupila tu pupila azul.
¿Qué es poesía? ¿Y tú me lo preguntas?
Poesía... eres tú.

XXII
19

¿Cómo vive esa rosa que has prendido
junto a tu corazón?
Nunca hasta ahora contemplé en el mundo
junto al volcán la flor.

XXIII
22

(A ella. No sé...)

Por una mirada, un mundo;
por una sonrisa, un cielo;
por un beso... ¡Yo no sé
qué te diera por un beso!

XXIV
36

(Dos y uno)

Dos rojas lenguas de fuego
que a un mismo tronco enlazadas
se aproximan y, al besarse,
forman una sola llama;

dos notas que del laúd
a un tiempo la mano arranca,
y en el espacio se encuentran
y armonïosas se abrazan;

dos olas que vienen juntas
a morir sobre una playa
y que, al romper, se coronan
con un penacho de plata;

dos jirones de vapor
que del lago se levantan
y, al juntarse allá en el cielo,
forman una nube blanca;

dos ideas que al par brotan;
dos besos que a un tiempo estallan;
dos ecos que se confunden:
eso son nuestras dos almas.

XXV
31

Cuando en la noche te envuelven
las alas de tul del sueño
y tus tendidas pestañas
semejan arcos de ébano,
por escuchar los latidos
de tu corazón inquieto
y reclinar tu dormida
cabeza sobre mi pecho,
        diera, alma mía,
        cuanto [poseo:]
        ¡la luz, el aire
        y el pensamiento!

Cuando se clavan tus ojos
en un invisible objeto
y tus labios ilumina
de una sonrisa el reflejo,
por leer sobre tu frente
el callado pensamiento

que pasa como la nube
del mar sobre el ancho espejo,
    diera, alma mía,
    cuanto deseo:
    ¡la fama, el oro,
    la gloria, el genio!

    Cuando enmudece tu lengua
y se apresura tu aliento
y tus mejillas se encienden
y entornas tus ojos negros,
por ver entre sus pestañas
brillar con húmedo fuego
la ardiente chispa que brota
del volcán de los deseos,
    diera, alma mía,
    por cuanto espero,
    la fe, el espíritu,
    la tierra, el cielo.

XXVI
7

Voy contra mi interés al confesarlo;
          [pero yo,] amada mía,
pienso, cual tú, que una oda sólo es buena.
de un billete del Banco al dorso escrita.
No faltará algún necio que al oírlo
          se haga cruces y diga:
—Mujer, al fin, del siglo diez y nueve,
material y prosaica... ¡Boberías!

Voces que hacen correr cuatro poetas
que en invierno se embozan[1] con la lira:
¡Ladridos de los perros a la luna!
Tú sabes y yo sé que, en esta vida,
con genio es muy contado el que la *escribe*
y con oro cualquiera *hace* poesía.

XXVII
63

(¡Duermen!)

Despierta, tiemblo al mirarte;
dormida, me atrevo a verte;
por eso, alma de mi alma,
yo velo mientras tú duermes.

Despierta, ríes y al reír tus labios
      inquietos me parecen
relámpagos de grana que serpean
      sobre un cielo de nieve.

Dormida, los extremos de tu boca
      pliega sonrisa leve,
süave como el rastro luminoso
      que deja un sol que muere.
            ¡Duerme!

Despierta, miras y, al mirar, tus ojos
      húmedos resplandecen,
como la onda azul en cuya cresta
      chispeando el sol hiere.

Al través de tus párpados, dormida,
     tranquilo fulgor vierten,
cual derrama de luz, templado rayo,
     lámpara trasparente.
               ¡Duerme!

Despierta, hablas y, al hablar, vibrantes
     tus palabras parecen
lluvia de perlas que en dorada copa
     se derrama a torrentes.

Dormida, en el murmullo de tu aliento
     acompasado y tenue,
escucho yo un poema que mi alma
     enamorada entiende.
               ¡Duerme!

     Sobre el corazón la mano
     me he puesto porque no suene
     su latido y de la noche
     turbe la calma solemne.

     De tu balcón las persianas
     cerré ya porque no entre
     el resplandor enojoso
     de la aurora y te despierte.
               ¡Duerme!

XXVIII
58

Cuando, entre la sombra oscura,
perdida una voz murmura
turbando su triste calma,
si en el fondo de mi alma
la oigo dulce resonar,
    dime: ¿es que el viento en sus giros
se queja, o que tus suspiros
me hablan de amor al pasar?

Cuando el sol en mi ventana
rojo brilla a la mañana,
y mi amor tu sombra evoca,
si en mi boca de otra boca
sentir creo la impresión,
    dime: ¿es que ciego deliro,
o que un beso en un suspiro
me envía tu corazón?

Y en el luminoso día,
y en la alta noche sombría,
si en todo cuanto rodea
al alma que te desea,
te creo sentir y ver,
    dime: ¿es que toco y respiro
soñando, o que en un suspiro
me das tu aliento a beber?

XXIX
53

la bocca mi baciò tutto tremante.

(Dante, *Commedia*, Inf. V. 136.)

Sobre la falda tenía
el libro abierto;
en mi mejilla tocaban
sus rizos negros;
no veíamos las letras
ninguno creo;
sin embargo guardábamos
hondo silencio.
¿Cuánto duró? Ni aun entonces
pude saberlo.
Sólo sé que no se oía
más que el aliento,
que apresurado escapaba
del labio seco.
Sólo sé que nos volvimos
los dos a un tiempo,

y nuestros ojos se hallaron
       ¡y sonó un beso!

                    *

   Creación de Dante era el libro;
       era su *Infierno*.
Cuando a él bajamos los ojos,
       yo dije trémulo:
—¿Comprendes ya que un poema
       cabe en un verso?
Y ella respondió encendida:
       —¡Ya lo comprendo!

III

«¡Tarde lo conoce [el que la mujer sea ingrata y estúpida, al tiempo que hermosa], cuando ya se siente engañado y descubre dentro de un pecho tan fino y suave, un corazón nido de sierpes, en el cual no hay una fibra que al amor responda! Aquí, en medio de sus dolores, llega el poeta a la desesperación.»

XXX
40

Asomaba a sus ojos una lágrima
y a mi labio una frase de perdón;
habló el orgullo y se enjugó su llanto,
y la frase en mis labios expiró.

Yo voy por un camino; ella, por otro;
pero, al pensar en nuestro mutuo amor,
yo digo aún: —¿Por qué callé aquel día?
Y ella dirá: —¿Por qué no lloré yo?

XXXI*
30

Nuestra pasión fue un trágico sainete,
en cuya absurda fábula,
lo cómico y lo grave confundidos,
risas y llanto arrancan.

Pero fue lo peor de aquella historia
que, al fin de la jornada,
a ella tocaron lágrimas y risas,
y a mí, sólo las lágrimas.

XXXII
73

Pasaba arrolladora en su hermosura
y el paso le dejé;
ni aun a mirarla me volví, y, no obstante,
algo a mi oído murmuró: —Ésa es.

¿Quién reunió la tarde a la mañana?
Lo ignoro; sólo sé
que en una breve noche de verano
se unieron los crepúsculos, y... fue.

XXXIII
69

Es cuestión de palabras y, no obstante,
ni tú ni yo jamás,
después de lo pasado, convendremos
en quién la culpa está.

¡Lástima que el Amor un diccionario
no tenga donde hallar
cuándo el orgullo es simplemente orgullo
y cuándo es dignidad!

XXXIV
65

Cruza callada, y son sus movimientos
          silenciosa armonía;
suenan sus pasos, y al sonar recuerdan
del himno alado la cadencia rítmica.

Los ojos entreabre, aquellos ojos
          tan claros como el día,
y la tierra y el cielo, cuanto abarcan,
arden con nueva luz en sus pupilas.

Ríe, y su carcajada tiene notas
          del agua fugitiva;
llora, y es cada lágrima un poema
          de ternura infinita.

Ella tiene la luz, tiene el perfume,
          el color y la línea,
la forma, engendradora de deseos,
la expresión, fuente eterna de poesía.

¿Qué es estúpida? ¡Bah! Mientras callando
       guarde oscuro el enigma,
siempre valdrá lo que yo creo que calla
más que lo que cualquiera otra me diga.

XXXV
78

¡No me admiró tu olvido! Aunque, de un día,
me admiró tu cariño mucho más;
porque lo que hay en mí que vale algo,
eso..., ni lo pudiste sospechar.

XXXVI
54

Si de nuestros agravios en un libro
se escribiese la historia
y se borrase en nuestras almas cuanto
se borrase en sus hojas,

¡te quiero tanto aún! ¡Dejó en mi pecho
tu amor huellas tan hondas,
que sólo con que tú borrases una,
las borraba yo todas!

XXXVII
28

Antes que tú me moriré; escondido
en las entrañas ya
el hierro llevo con que abrió tu mano
la ancha herida mortal.

Antes que tú me moriré; y mi espíritu,
en su empeño tenaz,
se sentará a las puertas de la muerte,
esperándote allá.

Con las horas los días, con los días
los años volarán,
y a aquella puerta llamarás al cabo...
¿Quién deja de llamar?

Entonces, que tu culpa y tus despojos
la tierra guardará,
lavándote en las ondas de la muerte
como en otro Jordán;

allí donde el murmullo de la vida
temblando a morir va,
como la ola que a la playa viene
silenciosa a expirar;

allí donde el sepulcro que se cierra
abre una eternidad,
todo cuanto los dos hemos callado,
allí lo hemos de hablar.

XXXVIII
4

Los suspiros son aire, y van al aire.
Las lágrimas son agua, y van al mar.
Dime, mujer, cuando el amor se olvida,
¿sabes tú adónde va?

XXXIX
75

¿A qué me lo decís? Lo sé: es mudable,
es altanera y vana y caprichosa;
antes que el sentimiento de su alma,
brotará el agua de la estéril roca.

Sé que en su corazón, nido de sierpes[1],
no hay una fibra que al amor responda;
que es una estatua inanimada..., pero...
¡es tan hermosa!

XL*
66

Su mano entre mis manos,
sus ojos en mis ojos,
la amorosa cabeza
apoyada en mi hombro,
Dios sabe cuántas veces
con paso perezoso
hemos vagado juntos
bajo los altos olmos
que de su casa prestan
misterio y sombra al pórtico.

*

Y ayer... un año apenas,
pasado como un soplo,
¡con qué exquisita gracia,
con qué admirable aplomo,
me dijo al presentarnos
un amigo oficioso:

—¡Creo que en alguna parte
he visto a usted! ¡Ah, bobos,
que sois de los salones
comadres de buen tono,
y andabais allí a caza
de galantes embrollos:
qué historia habéis perdido,
qué manjar tan sabroso
para ser devorado
sotto voce en un corro,
detrás del abanico
de plumas y de oro...!

*

Discreta y casta luna,
copudos y altos olmos,
paredes de su casa,
umbrales de su pórtico,
callad, y que el secreto
no salga de vosotros.
Callad, que por mi parte
yo lo he olvidado todo;
y ella... ella, no hay máscara
semejante a su rostro.

XLI
26

Tú eras el huracán, y yo la alta
torre que desafía su poder.
¡Tenías que estrellarte o que abatirme...!
        ¡No pudo ser!

Tú eras el océano! y yo la enhiesta
roca que firme aguarda su vaivén.
¡Tenías que romperte o que arrancarme...!
        ¡No pudo ser!

Hermosa tú, yo altivo; acostumbrados
uno a arrollar, el otro a no ceder;
la senda estrecha, inevitable el choque...
        ¡No pudo ser!

XLII
16

Cuando me lo contaron, sentí el frío
de una hoja de acero en las entrañas;
me apoyé contra el muro, y un instante
la conciencia perdí de donde estaba.

Cayó sobre mi espíritu la noche,
en ira y en piedad se anegó el alma.
¡Y entonces comprendí por qué se llora,
y entonces comprendí por qué se mata![1]

Pasó la nube de dolor... Con pena
logré balbucear breves palabras...
¿Quién me dio la noticia?... Un fiel amigo...
Me hacía un gran favor... Le di las gracias[2].

XLIII
34

Dejé la luz a un lado, y en el borde
de la revuelta cama me senté,
mudo, sombrío, la pupila inmóvil
        clavada en la pared.

¿Qué tiempo estuve así? No sé; al dejarme
la embrïaguez horrible [del] dolor,
expiraba la luz y en mis balcones
        reía el sol.

Ni sé tampoco en tan terribles horas
en qué pensaba o qué pasó por mí;
sólo recuerdo que lloré y maldije,
y que en aquella noche envejecí.

XLIV
10

Como en un libro abierto
leo de tus pupilas en el fondo.
¿A qué fingir el labio
risas que se desmienten con los ojos?

¡Llora! No te avergüences
de confesar que me quisiste un poco.
¡Llora! Nadie nos mira.
Ya ves: yo soy un hombre... y también lloro.

XLV*
3

En la clave[1] del arco* rüinoso*[2]
cuyas piedras el tiempo enrojeció,
obra de cincel rudo campeaba
el gótico blasón[3].

Penacho[4] de su yelmo de granito,
la yedra que colgaba en derredor
daba sombra al escudo en que una mano
tenía un corazón.

A contemplarle en la desierta plaza
nos paramos los dos:
—Y ése —me dijo— es el cabal emblema[5]
de mi constante amor.

¡Ay! Es verdad lo que me dijo entonces;
verdad que el corazón
lo llevará en la mano..., en cualquier parte...
pero en el pecho, no.

XLVI
77

(«Es verdad que [el amor] pasa y no
vuelve, como no vuelven tampoco las
generosas ilusiones ni las espléndidas
esperanzas de la juventud. En cambio,
el dolor, una vez llegado, permanece
y echa de día en día, como los árboles,
más hondas raíces en nuestro corazón; ...»

Narciso Campillo, artículo necro-
lógico del poeta, «La Ilustración
de Madrid», 15 de enero de 1871.)

Me ha herido recatándose en las sombras,
sellando con un beso su traición.
Los brazos me echó al cuello y, por la espalda,
partióme a sangre fría el corazón.

Y ella prosigue alegre su camino,
feliz, risueña, impávida. ¿Y por qué?
Porque no brota sangre de la herida.
Porque el muerto está en pie.

XLVII
2

Yo me he asomado a las profundas simas
de la tierra y del cielo,
y les he visto el fin o con los ojos
o con el pensamiento.

Mas ¡ay! de un corazón llegué al abismo
y me incliné un momento,
y mi alma y mis ojos se turbaron:
¡Tan hondo era y tan negro!

XLVIII
1

Como se arranca el hierro de una herida,
su amor de las entrañas me arranqué;
aunque sentí al hacerlo que la vida
¡me arrancaba con él!

Del altar que le alcé en el alma mía,
la voluntad su imagen arrojó;
y la luz de la fe que en ella ardía
ante el ara desierta se apagó.

Aún, para combatir mi firme empeño,
viene a mi mente su visión tenaz...[1]
¡Cuándo podré dormir con ese sueño
en que acaba el soñar!

XLIX
14

Alguna vez la encuentro por el mundo,
y pasa junto a mí;
y pasa sonrïéndose, y yo digo:
— ¿Cómo puede reír?

Luego asoma a mi labio otra sonrisa,
máscara del dolor,
y entonces pienso: —Acaso ella se ríe,
como me río yo.

L
12

Lo que el salvaje que con torpe mano
hace de un tronco a su capricho un dios,
y luego ante su obra se arrodilla,
        eso hicimos tú y yo.

Dimos formas reales a un fantasma,
de la mente, ridícula invención,
y hecho el ídolo ya, sacrificamos
        en su altar nuestro amor.

Yo sé un himno gigante y extraño
que anuncia en la noche del alma una aurora,
y estas páginas son de ese himno
cadencias que el aire dilata en las sombras.

Yo quisiera escribirle, del hombre
domando el rebelde, mezquino idioma,
con palabras que fuesen a un tiempo
suspiros y risas, colores y notas.

Pero en vano es luchar; que no hay cifra
capaz de encerrarle, y apenas ¡oh hermosa!
si teniendo en mis manos las tuyas
~~pudiera~~ al oído cantártelo a solas.

⁎
⁎   ⁎

Lo que el salvaje que con torpe mano
hace de un tronco a su capricho un dios
y luego ante su obra se arrodilla,
eso hicimos tú y yo.

Dimos formas reales a un fantasma,
de la mente ridícula invención,
y hecho el ídolo ya, sacrificamos
en su altar nuestro amor.

Rimas *I* y *L* del *libro de los gorriones*

LI
70

De lo poco de vida que me resta,
diera con gusto los mejores años,
        por saber lo que a otros
        de mí has hablado.

Y esta vida mortal y, de la eterna
lo que me toque, si me toca algo,
        por saber lo que a solas
        de mí has pensado.

IV

«Pero cuando ésta [la desesperación] le lleva ya al punto en que se pierde toda esperanza, él se detiene espontáneamente, medita en silencio y, aceptando por último su parte de dolor en el dolor común, prosigue su camino, triste, profundamente herido, pero resignado; con el corazón hecho pedazos, pero con los ojos fijos en algo que se le revela como reminiscencia del arte, a cuyo impulso brotaron sus sentimientos.

Piensa en lo solos que se quedan los muertos, y siente dentro de la religión de su infancia un nuevo amor, que únicamente pueden sentir los que sufren mucho y jamás se curan: un amor ideal, puro, que no puede morir ni aun con la muerte, que más bien la desea, porque es tranquilo como ella: ¡como ella, callado y eterno! Se enamora de la estatua de un sepulcro, es decir, del arte, de la belleza ideal, que es el póstumo amor, para siempre duradero, por lo mismo que nunca se ve por completo correspondido».

LII
35

Olas gigantes que os rompéis bramando
en las playas desiertas y remotas,
envuelto entre la sábana de espumas,
        ¡llevadme con vosotras!

Ráfagas de huracán que arrebatáis
del alto bosque las marchitas hojas,
arrastrado en el ciego torbellino,
        ¡llevadme con vosotras!

Nubes de tempestad que rompe el rayo
y en fuego *enciende las sangrientas* orlas,
arrebatado entre la niebla oscura,
        ¡llevadme con vosotras!

Llevadme, por piedad, a donde el vértigo
con la razón me arranque la memoria.
¡Por piedad! ¡Tengo miedo de quedarme
        con mi dolor a solas!

LIII
38

Volverán las oscuras golondrinas
en tu balcón sus nidos a colgar,
y otra vez con el ala a sus cristales
                jugando llamarán.

Pero aquellas que el vuelo refrenaban
tu hermosura y mi dicha a contemplar,
aquellas que aprendieron nuestros nombres...,
                ¡ésas... no volverán!

Volverán las tupidas madreselvas
de tu jardín las tapias a escalar,
y otra vez a la tarde aún más hermosas
                sus flores se abrirán.

Pero aquellas, cuajadas de rocío
cuyas gotas mirábamos temblar
y caer como lágrimas del día...
                ¡ésas... no volverán!

Volverán del amor en tus oídos
las palabras ardientes a sonar,
tu corazón de su profundo sueño
tal vez despertará.

Pero mudo y absorto y de rodillas
como se adora a Dios ante su altar,
como yo te he querido…; desengáñate,
¡así… no te querrán!

LIV
36

Cuando volvemos las fugaces horas
del pasado a evocar,
temblando brilla en sus pestañas negras
una lágrima pronta a resbalar.

Y, al fin, resbala y cae como gota
de rocío al pensar
que cual hoy por ayer, por hoy mañana,
volveremos los dos a suspirar.

LV*
9

Entre el discorde estruendo de la orgía
      acarició mi oído,
como nota de música lejana,
      el eco de un suspiro.

El eco de un suspiro que conozco,
formado de un aliento que he bebido,
perfume de una flor que oculta crece
      en un claustro sombrío.

Mi adorada de un día, cariñosa,
—¿En qué piensas? —me dijo.
—En nada... —En nada, ¿y lloras? —Es que tengo
alegre la tristeza y triste el vino.

LVI
20

Hoy como ayer, mañana como hoy,
        ¡y siempre igual!
Un cielo gris, un horizonte eterno
        y andar..., andar.

    Moviéndose a compás, como una estúpida
        máquina, el corazón.
La torpe inteligencia del cerebro,
        dormida en un rincón.

    El alma, que ambiciona un paraíso,
        buscándole sin fe,
fatiga sin objeto, ola que rueda
        ignorando por qué.

    Voz que, incesante, con el mismo tono,
        canta el mismo cantar,
gota de agua monótona que cae
        y cae, sin cesar.

Así van deslizándose los días,
     unos de otros en pos;
hoy lo mismo que ayer...; y todos ellos,
     sin gozo ni dolor.

¡Ay, a veces me acuerdo suspirando
     del antiguo sufrir!
Amargo es el dolor, ¡pero siquiera
     padecer es vivir!

LVII
32

Este armazón¹ de huesos y pellejo,
de pasear una cabeza loca
se halla cansado al fin, y no lo extraño,
pues, aunque es la verdad que no soy viejo,
de la parte de vida que me toca
en la vida del mundo, por mi daño
he hecho un uso tal, que juraría
que he condensado un siglo en cada día.

Así, aunque ahora muriera,
no podría decir que no he vivido;
que el sayo,² al parecer nuevo por fuera,
conozco que por dentro ha envejecido.

Ha envejecido, sí, ¡pese a mi estrella!
Harto lo dice ya mi afán doliente,
que hay dolor que, al pasar su horrible huella,
graba en el corazón, si no en la frente.

LVIII
8

¿Quieres que, de ese néctar[1] delicioso,
    no te amargue la hez?
Pues aspírale, acércale a tus labios
    y déjale después.

¿Quieres que conservemos una dulce
    memoria de este amor?
Pues amémonos hoy mucho, y mañana
    digámonos: —¡Adiós!

LIX
17

Yo sé cuál el objeto
de tus suspiros es;
yo conozco la causa
                de tu dulce
secreta languidez.
¿Te ríes?... Algún día
sabrás, niña, por qué:
Tú lo sabes apenas,
                y yo lo sé.

Yo sé cuándo tú sueñas,
y lo que en sueños ves;
como en un libro, puedo
                lo que callas
en tu frente leer.
¿Te ríes?... Algún día
sabrás, niña, por qué.
Tú lo sabes apenas,
                y yo lo sé.

Yo sé por qué sonríes
y lloras a la vez;
yo penetro en los senos
misteriosos
de tu alma de mujer.
¿Te ríes?... Algún día
sabrás, niña, por qué;
mientras tú sientes mucho
y nada sabes,
yo que no siento ya,
todo lo sé.

LX
41

Mi vida es un erïal,[1]
flor que toco se deshoja;
que en mi camino fatal
alguien va sembrando el mal
para que yo lo recoja.

LXI
45

(*Melodía*
Es muy triste morir joven, y no contar
con una sola lágrima de mujer.)

Al ver mis horas de fiebre
e insomnio lentas pasar,
a la orilla de mi lecho,
    ¿quién se sentará?

Cuando la trémula mano
tienda, próximo a expirar,
buscando una mano amiga,
    ¿quién la estrechará?

Cuando la muerte vidríe
de mis ojos el cristal,
mis párpados aún abiertos,
    ¿quién los cerrará?

Cuando la campana suene
(si suena en mi funeral)
una oración al oírla,
    ¿quién murmurará?

Cuando mis pálidos restos
oprima la tierra ya,
sobre la olvidada fosa,
    ¿quién vendrá a llorar?

¿Quién, en fin, al otro día,
cuando el sol vuelva a brillar,
de que pasé por el mundo,
    ¿quién se acordará?

LXII
56

(Al amanecer)

Primero es un albor trémulo y vago,
raya de inquieta luz que corta el mar;
luego chispea y crece y se dilata
en ardiente explosión de claridad.

La brilladora lumbre es la alegría,
la temerosa sombra es el pesar.
¡Ay! ¿En la oscura noche de mi alma,
cuándo amanecerá?

LXIII
68

Como enjambre de abejas irritadas,
de un oscuro rincón de la memoria
salen a perseguirme los recuerdos
      de las pasadas horas.

Yo los quiero ahuyentar. ¡Esfuerzo inútil!
      Me rodean, me acosan,
y unos tras otros a clavarme vienen
el agudo aguijón que el alma encona.

LXIV
64

Como guarda el avaro su tesoro,
          guardaba mi dolor;
le quería probar que hay algo eterno
a la que eterno me juró su amor.

Mas hoy le llamo en vano y oigo, al tiempo
          que le *acabó*, decir:
—¡Ah, barro miserable, eternamente
          no podrás ni aun sufrir!

LXV
47

Llegó la noche y no encontré un asilo;
y tuve sed... mis lágrimas bebí,
¡Y tuve hambre! ¡Los hinchados ojos
        cerré para morir!

¿Estaba en un desierto? Aunque a mi oído,
de la turba¦ llegaba el ronco hervir,
yo era huérfano y pobre... El mundo estaba
        desierto... ¡para mí!

LXVI
67

¿De dónde vengo?... El más horrible y áspero
        de los senderos busca;
las huellas de unos pies ensangrentados
        sobre la roca dura;
los despojos de un alma hecha jirones
        en las zarzas agudas,
        te dirán el camino
        que conduce a mi cuna.

¿Adónde voy? El más sombrío y triste
        de los páramos[1] cruza,
valle de eternas nieves y de eternas
        melancólicas brumas;
en donde esté una piedra solitaria,
        sin inscripción alguna,
        donde habite el olvido,
        allí estará mi tumba.

LXVII
18

¡Qué hermoso es ver el día
coronado de fuego levantarse,
y, a su beso de lumbre,[1]
brillar las olas y encenderse el aire!

   ¡Qué hermoso es tras la lluvia
del triste otoño en la azulada tarde,
de las húmedas flores
el perfume aspirar hasta saciarse!

   ¡Qué hermoso es cuando en copos
la blanca nieve silenciosa cae,
de las inquietas llamas
ver las rojizas lenguas agitarse!

   Qué hermoso es, cuando hay sueño,
dormir bien... y roncar como un sochantre[2]...
y comer... y engordar... ¡Y qué *desgracia*[3]
que esto sólo no baste!

LXVIII
61

No sé lo que he soñado
en la noche pasada.
Triste, muy triste, debió ser el sueño,
pues despierto la angustia me duraba.

Noté al incorporarme
húmeda la almohada,
y por primera [vez] sentí al notarlo
de un amargo placer henchirse el alma.

Triste cosa es el sueño
que llanto nos arranca,
mas tengo en mi tristeza una alegría...
¡Sé que aún me quedan lágrimas!

LXIX
49

(¡La vida es sueño!
                    Calderón)

Al brillar un relámpago nacemos,
y aún dura su fulgor cuando morimos:
        ¡tan corto es el vivir!

La Gloria y el Amor tras que corremos,
sombras de un sueño son que perseguimos:
        ¡despertar es morir!

LXX*
59

¡Cuántas veces, al pie de las musgosas
     paredes que la guardan,
oí la esquila[1] que al mediar la noche
     a los maitines[2] llama!

¡Cuántas veces trazó mi *silüeta*[3]
     la luna plateada,
junto a la del ciprés, que de su huerto
     se asoma por las tapias!

Cuando en sombras la iglesia se envolvía,
     de su ojiva calada[4],
¡cuántas veces temblar sobre los vidrios
     vi el fulgor de la lámpara!

Aunque el viento en los ángulos oscuros
     de la torre silbara,
del coro entre las voces percibía
     su voz vibrante y clara.

En las noches de invierno, si un medroso
     por la desierta plaza
se atrevía a cruzar, al divisarme
     el paso aceleraba.

Y no faltó una vieja que en el torno[5]
dijese a la mañana,
que de algún sacristán muerto en pecado
acaso era yo el alma.

A oscuras conocía los rincones
del atrio y la portada;
de mis pies las ortigas que allí crecen
las huellas tal vez guardan.

Los búhos, que espantados me seguían
con sus ojos de llamas,
llegaron a mirarme con el tiempo
como a un buen camarada.

A mi lado sin miedo los reptiles
se movían a rastras;
hasta los mudos santos de granito
creo que me saludaban.

LXXI
76

No dormía; vagaba en ese limbo
en que cambian de forma los objetos,
misteriosos espacios que separan
la vigilia[1] del sueño.

Las ideas que en ronda silenciosa
daban vueltas en torno a mi cerebro,
poco a poco en su danza se movían
con un compás más lento.

De la luz que entra al alma por los ojos
los párpados velaban el reflejo;
mas otra luz el mundo de visiones
alumbraba por dentro.

En este punto resonó en mi oído
un rumor semejante al que en el templo
vaga confuso al terminar los fieles
con un *Amén* sus rezos.

Y oí como una voz delgada y triste
que por mi nombre me llamó a lo lejos,
¡y sentí olor de cirios apagados,
        de humedad y de incienso!

                    *

Entró la noche y del olvido en brazos
caí cual piedra en su profundo seno.
Dormí y al despertar exclamé: —¡Alguno
        que yo quería ha muerto!

LXXII
5

Primera voz

Las ondas tienen vaga armonía,
        las vïoletas suave olor,
brumas de plata la noche fría,
        luz y oro el día;
        yo algo mejor:
        ¡Yo tengo *Amor!*

Segunda voz

Aura de aplausos, nube radiosa,
ola de envidia que besa el pie,
isla de sueños donde reposa
        el alma ansiosa,
        dulce embriaguez:
        ¡la *Gloria* es!

Tercera voz

Ascua encendida es el tesoro,
sombra que huye la vanidad.
Todo es mentira: la gloria, el oro;
        lo que yo adoro
        sólo es verdad:
        ¡la *Libertad!*

*

Así los barqueros pasaban cantando
            la eterna canción
y, al golpe del remo, saltaba la espuma
            y heríala el sol.

— ¿Te embarcas?, gritaban; y yo sonrïendo
            les dije al pasar:
— Yo ya me he embarcado; por señas que aún
                                              [tengo²
la ropa en la playa tendida a secar.

LXXIII
71

Cerraron sus ojos
que aún tenía abiertos,
taparon su cara
con un blanco lienzo,
y unos sollozando,
otros en silencio,
de la triste alcoba
todos se salieron.

La luz que en un vaso
ardía en el suelo,
al muro arrojaba
la sombra del lecho;
y entre aquella sombra
veíase a intérvalos
dibujarse rígida
la forma del cuerpo.

Despertaba el día,
y, a su albor primero,
con sus mil rüidos,
despertaba el pueblo.
Ante aquel contraste
de vida y misterio,
de luz y tinieblas,
yo pensé un momento:

—*¡Dios mío, qué solos*
se quedan los muertos!

*

De la casa, en hombros,
lleváronla al templo
y en una capilla
dejaron el féretro.
Allí rodearon
sus pálidos restos
de amarillos velas
y de paños negros.

Al dar de las Ánimas[1]
el toque postrero,
acabó una vieja
sus últimos rezos;
cruzó la ancha nave,
las puertas gimieron,
y el santo recinto
quedóse desierto.

De un reloj se oía
compasado el péndulo,
y de algunos cirios
el chisporroteo.
Tan medroso y triste,
tan oscuro y yerto,
todo se encontraba
que pensé un momento:

—*¡Dios mío, qué solos*
se quedan los muertos!

*

De la alta campana
la lengua de hierro
le dio volteando
su adiós lastimero.
El luto en las ropas,
amigos y deudos
cruzaron en fila
formando el cortejo.

Del último asilo,
oscuro y estrecho,
abrió la piqueta
el nicho a un extremo.
Allí la acostaron,
tapiáronle luego
y con un saludo
despidióse el duelo.

La piqueta al hombro
el sepulturero,
cantando entre dientes,
se perdió a lo lejos.
La noche se entraba,
[reinaba el silencio];
perdido en las sombras,
yo pensé un momento:

—*¡Dios mío, qué solos*
se quedan los muertos!

*

En las largas noches
del helado invierno,
cuando las maderas
crujir hace el viento
y azota los vidrios
el fuerte aguacero,
de la pobre niña
a veces me acuerdo.

Allí cae la lluvia
con un son eterno;
allí la combate
el soplo del cierzo.
Del húmedo muro
tendido en el hueco,
¡acaso de frío
se hielan sus huesos...!

* *
*

¿Vuelve el polvo al polvo?
¿Vuela el alma al cielo?
¿Todo es [vil materia],
podredumbre y cieno?
No sé; pero hay algo
que explicar no puedo,
[que al par nos infunde
repugnancia y duelo,
al] dejar tan tristes,
tan solos los muertos.

LXXIV
24

Las ropas desceñidas,
desnudas las espadas,
en el dintel de oro de la puerta
dos ángeles velaban.

Me aproximé a los hierros
que defienden la entrada,
y de las dobles rejas en el fondo
la vi confusa y blanca.

La vi como la imagen
que en leve ensueño pasa,
como rayo de luz tenue y difuso
que entre tinieblas nada.

Me sentí de un ardiente
deseo llena el alma;
como atrae un abismo, aquel misterio
hacia sí me arrastraba.

Mas ¡ay! que, de los ángeles,
parecían decirme las miradas:
—El umbral de esta puerta
sólo Dios lo traspasa.

LXXV
23

¿Será verdad que, cuando toca el sueño,
con sus dedos de rosa, nuestros ojos.
de la cárcel que habita huye el espíritu
        en vuelo presuroso?

¿Será verdad que, huésped de las nieblas,
de la brisa nocturna al tenue soplo,
alado sube a la región vacía
        a encontrarse con otros?

¿Y allí desnudo de la humana forma,
allí los lazos terrenales rotos,
breves horas habita de la idea
        el mundo silencioso?

¿Y ríe y llora y aborrece y ama
y guarda un rastro del dolor y el gozo,
semejante al que deja cuando cruza
        el cielo un meteoro?

Yo no sé si ese mundo de visiones
vive fuera o va dentro de nosotros.
Pero sé que conozco a muchas gentes
a quienes no conozco.

LXXVI
74

En la imponente nave
del templo bizantino,
vi la gótica tumba a la indecisa
luz que temblaba en los pintados vidrios.

Las manos sobre el pecho,
y en las manos un libro,
una mujer hermosa reposaba
sobre la urna, del cincel prodigio.

Del cuerpo abandonado,
al dulce peso hundido,
cual si de blanda pluma y raso fuera,
se plegaba su lecho de granito.

De la sonrisa última
el resplandor divino
guardaba el rostro, como el cielo guarda
del sol que muere el rayo fugitivo.

Del cabezal de piedra
sentados en el filo,
dos ángeles, el dedo sobre el labio,
imponían silencio en el recinto.

No parecía muerta;
de los arcos macizos
parecía dormir en la penumbra,
y que en sueños veía el paraíso.

Me acerqué de la nave
al ángulo sombrío
con el callado paso que llegamos
junto a la cuna donde duerme un niño.

La contemplé un momento,
y aquel resplandor tibio,
aquel lecho de piedra que ofrecía
próximo al muro otro lugar vacío,

en el alma avivaron
la sed de lo infinito,
el ansia de esa vida de la muerte
para la que un instante son los siglos...

*

Cansado del combate
en que luchando vivo,
alguna vez me acuerdo con envidia
de aquel rincón oscuro y escondido.

De aquella muda y pálida
mujer me acuerdo y digo:
—¡Oh, qué amor tan callado, el de la muerte!
¡Qué sueño el del sepulcro, tan tranquilo!

[LXXVII]
44

Dices que tienes corazón, y sólo
lo dices porque sientes sus latidos.
Eso no es corazón...; es una máquina
que, al compás que se mueve, hace ruido.

Consta en el *Libro de los gorriones*,
pero no se publicó en las *Obras*.

[LXXVIII]
48

Fingiendo realidades
con sombra vana,
delante del Deseo
va la Esperanza.

Y sus mentiras,
como el fénix¦ renacen
de sus cenizas.

Consta en el *Libro de los gorriones*,
pero no se publicó en las *Obras*.

[LXXIX]
55

Una mujer me ha envenenado el alma,
otra mujer me ha envenenado el cuerpo;
ninguna de las dos vino a buscarme,
yo de ninguna de las dos me quejo.

Como el mundo es redondo, el mundo rueda;
si mañana, rodando, este veneno
envenena a su vez ¿por qué acusarme?
¿Puedo dar más de lo que a mí me dieron?

Esta poesía fue tachada en el *Libro de los
gorriones*. Sobre otras versiones de la mis-
ma, véase el estudio de Juan María Díez
Taboada «Textos olvidados de Gustavo
Adolfo Bécquer: una nueva *Rima* y una
nueva versión», *Revista de Literatura*, XLIII,
n.º 86, 1981, págs. 76-83.

OTRAS RIMAS

[LXXX]

Es un sueño la vida,
pero un sueño febril que dura un punto;
cuando de él se despierta,
se ve que todo es vanidad y humo...

¡Ojalá fuera un sueño
muy largo y muy profundo,
un sueño que durara hasta la muerte...!
Yo soñaría con mi amor y el tuyo.

De *Poesías inéditas de Gustavo Adolfo
Bécquer (escritas pocos días antes de su
muerte)*, «La Correspondencia Literaria»,
16 marzo 1872. Aparece con la indicación
II por su relación con la *Rima LXIX*.

[LXXXI]

Amor eterno

Podrá nublarse el sol eternamente,
podrá secarse en un instante el mar,
podrá romperse el eje de la tierra
como un débil cristal.

¡Todo sucederá! Podrá la muerte
cubrirme con su fúnebre crespón,
pero jamás en mí podrá apagarse
la llama de tu amor.

De las *Obras* de Bécquer, 4.ª edición,
Madrid, Fernando Fe, 1885, III, pág. 273.

[LXXXII]

A Casta

Tu aliento es el aliento de las flores,
tu voz es de los cisnes la armonía;
es tu mirada el esplendor del día
y el color de la rosa es tu color.
Tú prestas nueva vida y esperanza
a un corazón para el amor ya muerto;
tú creces de mi vida en el desierto
como crece en un páramo la flor.

De las *Obras* de Bécquer, 4.ª edición,
Madrid, Fernando Fe, 1885, III, pág. 275.

[LXXXIII]

La gota de rocío

La gota de rocío que en el cáliz
duerme de la blanquísima azucena,
es el palacio de cristal en donde
vive el genio feliz de la pureza.

Él [le] da su misterio y poesía,
él su aroma balsámico le presta;
¡ay! de la flor, si de la luz al beso,
se evapora esa perla.

Poesía copiada del álbum de los se-
ñores de Tolache y enviada por José
Gestoso Pérez al hispanista francés Achille
Fouquier (13 abril 1886); publicada en
«La Ilustración Artística», Barcelona,
27 diciembre 1886.

[LXXXIV]

—Lejos, y entre los árboles
de la intrincada selva,
¿no ves algo que brilla por intervalos?
—Quizá es una estrella.

*

Ya se la ve más próxima,
como a través de un tul;
de una pequeña ermita arde en la lámpara...
—No es de un astro la luz.

*

De la carrera rápida
el término está aquí.
—¡Ah del mesón!... Ni es lámpara ni estrella
la luz que hemos seguido. Es un candil.

De *Poesías inéditas de Gustavo Adolfo Bécquer (escritas pocos días antes de su muerte)*, «La Correspondencia Literaria», 16 marzo 1872.

[LXXXV]

En el álbum de la Sra. Doña ...

Solitario, triste y mudo
hállase aquel cementerio;
sus habitantes no lloran...
¡Qué felices son los muertos!

Del *Almanaque de El Mercantil Valen-
ciano para 1883*, pág. 95.

[LXXXVI]

A todos los Santos

Patriarcas que fuisteis la semilla
del árbol de la fe en siglos remotos,
al Vencedor divino de la muerte,
        ¡rogadle por nosotros!

Profetas que rasgasteis inspirados
del porvenir el velo misterioso,
al que sacó la luz de las tinieblas,
        ¡rogadle por nosotros!

Almas cándidas, santos inocentes,
que aumentáis de los ángeles el coro,
al que llamó a los niños a su lado,
        ¡rogadle por nosotros!

Apóstoles que echasteis en el mundo
de la Iglesia el cimiento poderoso,
al que es de la verdad depositario,
        ¡rogadle por nosotros!

Mártires que ganasteis vuestras palmas
en la arena del circo, en sangre rojo,
al que os dio fortaleza en los tormentos,
        ¡rogadle por nosotros!

Vírgenes semejantes a azucenas
que el verano vistió de nieve y oro,
al que es fuente de vida y hermosura,
        ¡rogadle por nosotros!

Monjes que de la vida en el combate
pedisteis paz al claustro silencioso,
al que es iris de calma en las tormentas,
        ¡rogadle por nosotros!

Doctores cuyas plumas nos legaron
de virtud y saber, rico tesoro,
al que es caudal de ciencia inextinguible,
        ¡rogadle por nosotros!

    ¡Soldados del ejército de Cristo!
        ¡Santos y santas todos!
Rogadle que perdone nuestras culpas
¡a Aquel que vive y reina entre vosotros!

De los *Cantos del Cristianismo. Devo-
cionario de la Infancia y Álbum religioso.*
Madrid, F. J. Sarmiento, 1868.

[LXXXVII]

Aire que besa, corazón que llora,
águila del dolor y la pasión,
cruz resignada, alma que perdona...
eso soy yo.

Serpiente del amor, risa traidora,
verdugo del ensueño y de la luz,
perfumado puñal, beso enconado...
¡eso eres tú!

Publicada por José Ortiz de Pinedo, «Hallazgo literario. Una poesía inédita de Bécquer», *Nuevo Mundo*, núm. 615, 19 de octubre de 1905. Véase su estudio en Juan María Díez Taboada, «Textos olvidados de G. A. Bécquer...», artículo citado en la *Rima [LXXIX]*, 55, págs. 63-76. Su conclusión es que «este poema parece ser auténtico de Bécquer» (pág. 67).

RIMAS APÓCRIFAS

I. Imitación de Bécquer
POR
Fernando Iglesias Figueroa

¿No has sentido en la noche,
cuando reina la sombra,
una voz apagada que canta
y una inmensa tristeza que llora?

¿No sentiste en tu oído de virgen
las silentes y trágicas notas
que mis dedos de muerte arrancaban
a la lira rota?

¿No sentiste una lágrima mía
deslizarse en tu boca?
¿Ni sentiste mi mano de nieve
estrechar a la tuya de rosa?

¿No viste entre sueños
por el aire vagar una sombra,
ni sintieron tus labios un beso
que estalló misterioso en la alcoba?

Pues yo juro por ti, vida mía,
que te vi entre mis brazos mïedosa,
que sentí tu aliento de jazmín y nardo,
y tu boca pegada a mi boca.

II. IMITACIÓN DE BÉCQUER
POR
FERNANDO IGLESIAS FIGUEROA

Pàra que los leas con tus ojos grises,
para que los cantes con tu clara voz,
para que llenen de emoción tu pecho,
       hice mis versos yo.

Para que encuentren en tu pecho asilo
y les des juventud, vida, calor,
tres cosas que yo [ya] no puedo darles,
       hice mis versos yo.

Para hacerte gozar con mi alegría,
para que sufras tú con mi dolor,
para que sientas palpitar mi vida,
       hice mis versos yo.

Para poder poner ante tus plantas
la ofrenda de mi vida y de mi amor,
con alma, sueños rotos, risas, lágrimas,
hice mis versos yo.

VARIEDADES

CARTAS LITERARIAS
A UNA MUJER

I

(*El Contemporáneo*, I, 1, 20 de diciembre de 1860.)

En una ocasión me preguntaste: «¿Qué es la poesía?» ¿Te acuerdas? No sé a qué propósito había yo hablado algunos momentos antes de mi pasión por ella.

¿Qué es la poesía?, me dijiste; y yo, que no soy muy fuerte en esto de las definiciones, te respondí titubeando: «La poesía es... es...»; y sin concluir la frase buscaba inútilmente en mi memoria un término de comparación, que no acertaba a encontrar.

Tú habías adelantado un poco la cabeza para escuchar mejor mis palabras; los negros rizos de tus cabellos, esos cabellos que tan bien sabes dejar a su antojo sombrear tu frente con un abandono tan artístico, pendían de tu sien y bajaban rozando tu mejilla hasta descansar en tu seno; en tus pupilas, húmedas y azules como el cielo de la noche, brillaba un punto de luz, y tus labios se entreabrían ligeramente al impulso de una respiración perfumada y suave.

Mis ojos que, a efecto sin duda de la turbación que experimentaba, habían errado un instante sin fijarse en ningún sitio, se volvieron entonces instintivamente hacia los tuyos y exclamé al fin: «¡La poesía, la poesía eres tú!»

¿Te acuerdas?

Yo aún tengo presente el gracioso ceño de curiosidad burlada, el acento mezclado de pasión y amargura con que me dijiste: «¿Crees que mi pregunta sólo es hija de una vana curiosidad de mujer? Te equivocas. Yo deseo saber lo que es la poesía, porque deseo pensar lo que tú piensas, hablar de lo que tú hablas, sentir con lo que tú sientes, penetrar por último en ese misterioso santuario en donde, a veces, se refugia tu alma, y cuyo [umbral] no puede traspasar la mía.»

Cuando llegaba a este punto, se interrumpió nuestro diálogo. Ya sabes por qué. Algunos días han trascurrido. Ni tú ni yo lo hemos vuelto a renovar y, sin embargo, por mi parte no he dejado de pensar en él. Tú creíste, sin duda, que la frase con que contesté a tu extraña interrogación, equivalía a una evasiva galante.

¿Por qué no hablar con franqueza? En aquel momento di aquella definición porque la sentí, sin saber siquiera si decía un disparate.

Después, lo he pensado mejor, y no dudo al repetírtelo. La poesía eres tú. ¿Te sonríes? Tanto peor para los dos. Tu incredulidad nos va a costar a ti el trabajo de leer un libro, y a mí el de componerlo.

«¡Un libro!», exclamas palideciendo y dejando escapar de tus manos esta carta. No te asustes. Tú lo sabes bien: un libro mío no puede ser muy largo. Erudito, sospecho que tampoco. Insulso, tal vez; mas para ti, escribiéndolo yo, presumo que no lo será; y para ti lo escribo.

Sobre la poesía no ha dicho nada casi ningún poeta; pero en cambio hay bastante papel emborronado por muchos que no lo son.

El que la siente se apodera de una idea, la envuelve en una forma, la arroja en el estadio del saber y pasa. Los críticos se lanzan entonces sobre esa forma, la examinan, la disecan y creen haberla comprendido cuando han hecho su análisis.

La disección podrá revelar el mecanismo del cuerpo humano, pero los fenómenos del alma, el secreto de la vida ¿cómo se estudian en un cadáver?

No obstante, sobre la poesía se han dado reglas, se han atestado infinidad de volúmenes, se enseña en las universidades, se discute en los círculos literarios y se explica en los ateneos.

No te extrañes. Un sabio alemán ha tenido la humorada de reducir a notas y encerrar en las cinco líneas de una pauta el misterioso lenguaje de los ruiseñores. Yo, si he de decir la verdad, todavía ignoro qué es lo que voy a hacer; así es que no puedo anunciártelo anticipadamente. Sólo te diré, para tranquilizarte, que no te inundaré en ese diluvio de términos que pudiéramos llamar facultativos, ni te citaré autores que no conozco, ni sentencias en idiomas que ninguno de los dos entendemos.

Antes de ahora te lo he dicho. Yo nada sé, nada he estudiado, he leído un poco, he sentido bastante y he pensado mucho, aunque no acertaré a decir si bien o mal. Como sólo de lo que he sentido y he pensado he de hablarte, te bastará sentir y pensar para comprenderme.

Herejías históricas, filosóficas y literarias, presiento que voy a decir muchas. No importa. Yo no pretendo enseñar a nadie, ni erigirme en autoridad, ni hacer que mi libro se declare de texto.

Quiero hablarte un poco de literatura, siquiera no sea más que por satisfacer un capricho tuyo; quiero decirte lo que sé de una manera intuitiva, comunicarte mi opinión y tener al menos el gusto de saber que, si nos equivocamos, nos equivocamos los dos, lo cual, dicho sea de paso, para nosotros equivale a acertar.

La poesía eres tú, te he dicho, porque la poesía es el sentimiento, y el sentimiento es la mujer.

La poesía eres tú porque esa vaga aspiración a lo bello que la caracteriza y que es una facultad de la inteligencia en el hombre, en ti pudiera decirse que es un instinto.

La poesía eres tú porque el sentimiento que en nosotros es un fenómeno accidental y pasa como una ráfaga de aire, se halla tan íntimamente unido a tu organización especial, que constituye una parte de ti misma.

Últimamente, la poesía eres tú porque tú eres el foco de donde parten sus rayos.

El genio verdadero tiene algunos atributos extraordinarios que Balzac llama femeninos y que efectivamente lo son. En la escala de la inteligencia del poeta hay notas que pertenecen a la de la mujer, y éstas son las que expresan la ternura, la pasión y el sentimiento. Yo no sé por qué los poetas y las mujeres no se entienden mejor entre sí. Su manera de sentir tiene tantos puntos de contacto. Quizá por eso... pero dejemos digresiones y volvamos al asunto.

Decíamos... ¡ah! sí, hablábamos de la poesía.

La poesía es en el hombre una cualidad puramente del espíritu; reside en su alma, vive con la vida incorpórea de la idea y para revelarla necesita darle una forma. Por eso la escribe.

En la mujer, por el contrario, la poesía está como encarnada en su ser; su aspiración, sus presentimientos, sus pasiones y su destino son

poesía; vive, respira, se mueve en una inde-
finible atmósfera de idealismo que se desprende
de ella como un fluido luminoso y magnético;
es, en una palabra, el verbo poético hecho
carne.

Sin embargo, a la mujer se la acusa vulgar-
mente de prosaísmo. No es extraño. En la
mujer es poesía casi todo lo que piensa, pero
muy poco de lo que habla. La razón yo la
adivino, y tú la sabes.

Quizá cuanto te he dicho lo habrás en-
contrado confuso y vago. Tampoco debe mara-
villarte.

La poesía es al saber de la humanidad lo
que el amor a las otras pasiones.

El amor es un misterio. Todo en él son fenó-
menos a cual más inexplicables; todo en él
es ilógico; todo en él es vaguedad y absurdo.

La ambición, la envidia, la avaricia, todas
las demás pasiones tienen su explicación y aun
su objeto, menos la que fecundiza el senti-
miento y lo alimenta.

Yo, sin embargo, la comprendo; la com-
prendo por medio de una revelación interna,
confusa e inexplicable.

Deja esta carta, cierra tus ojos al mundo
exterior que te rodea, vuélvelos a tu alma,
presta atención a los confusos rumores que se
elevan de ella, y acaso la comprenderás como yo.

(Se continuará.)

II

(*El Contemporáneo*, II, 16, 8 de
enero de 1861.)

En mi interior te dije que la poesía eres tú,
porque tú eres la más bella personificación
del sentimiento, y el verdadero espíritu de la
poesía no es otro.

A propósito de esto, la palabra *amor* se
deslizó de mi pluma en uno de los párrafos
de mi carta. De aquel párrafo hice el último.
Nada más natural. Voy a decirte el porqué.

Existe una preocupación bastante genera-
lizada, aun entre las personas que se dedican
a dar formas a lo que piensan, que a mi modo
de ver es, sin parecerlo, una de las mayores.
Si hemos de dar crédito a los que de ella parti-
cipan, es una verdad tan innegable que se
puede elevar a la categoría de axioma, el que
nunca se vierte la idea con tanta vida y precisión,
como en el momento en que ésta se levanta
semejante a un gas desprendido, y enardece
la fantasía y hace vibrar todas las fibras
sensibles, cual si las tocase una chispa eléctrica.

Yo no niego que suceda así. Yo no niego
nada, pero por lo que a mí toca, puedo ase-
gurarte que cuando siento no escribo. Guardo,
sí, en mi cerebro escritas, como en un libro
misterioso, las impresiones que han dejado
en él su huella al pasar; éstas, ligeras y ar-

dientes, hijas de la sensación, duermen allí agrupadas en el fondo de mi memoria, hasta el instante en que, puro, tranquilo, sereno, y revestido, por decirlo así, de un poder sobrenatural, mi espíritu las evoca, y tienden sus alas trasparentes que bullen con un zumbido extraño, y cruzan otra vez a mis ojos como en una visión luminosa y magnífica.

Entonces no siento ya con los nervios que se agitan, con el pecho que se oprime, con la parte orgánica y material que se conmueve al rudo choque de las sensaciones producidas por la pasión y los afectos; siento, sí, pero de una manera que puede llamarse artificial; escribo, como el que copia de una página ya escrita; dibujo, como el pintor que reproduce el paisaje que se dilata ante sus ojos y se pierde entre la bruma de los horizontes.

Todo el mundo siente. Sólo a algunos seres les es dado el guardar, como un tesoro, la memoria viva de lo que han sentido. Yo creo que éstos son los poetas. Es más, creo que únicamente por esto lo son.

Efectivamente es más grande, más hermoso figurarse al genio ebrio de sensaciones y de inspiración, trazando, a grandes rasgos, temblorosa la mano con la ira, llenos aún los ojos de lágrimas o profundamente conmovido por la piedad, esas tiradas de poesía que más tarde son la admiración del mundo; pero ¿qué quieres? No siempre la verdad es lo más sublime.

¿Te acuerdas? No hace mucho que te lo dije a propósito de una cuestión parecida: «Cuando un poeta te pinte en magníficos versos su amor, duda. Cuando te lo dé a conocer en prosa, y mala, cree.»

Hay una parte mecánica pequeña y material en todas las obras del hombre, que la primitiva, la verdadera inspiración desdeña en sus ardientes momentos de arrebato.

(Sin saber cómo, me he distraído del asunto. Como quiera que lo he hecho por darte una satisfacción, espero que tu amor propio sabrá disculparme. ¿Qué mejor intermediario que éste para con una mujer? No te enojes. Es uno de los muchos puntos de contacto que tenéis con los poetas, o que éstos tienen con vosotras.)

Sé, porque lo sé, aun cuando tú no me lo has dicho, que te quejas de mí porque al hablar del amor detuve la pluma y terminé mi primera carta como enojado de la tarea. Sin duda, ¿a qué negarlo?, pensaste que esta fecunda idea se esterilizó en mi mente por falta de sentimiento. Ya te he demostrado tu error.

Al estamparla, un mundo de ideas confusas y sin nombre se elevaron en tropel de mi cerebro, y pasaron volteando alrededor de mi frente como una fantástica ronda de visiones quiméricas. Un vértigo nubló mis ojos.

¡Escribir! Oh, si yo pudiera haber escrito entonces, no me cambiaría por el primer poeta del mundo.

Mas... entonces lo pensé, y ahora lo digo. Si yo siento lo que siento para hacer lo que hago, ¿qué gigante océano de luz y de inspiración no se agitaría en la mente de esos hombres que han escrito lo que a todos nos admira?

Si tú supieras cómo las ideas más grandes se empequeñecen al encerrarse en el círculo de hierro de la palabra; si tú supieras qué diáfanas, qué ligeras, qué impalpables son las gasas de oro que flotan en la imaginación, al envolver esas misteriosas figuras que crea, y de las que sólo acertamos a reproducir el descarnado esqueleto; si tú supieras cuán imperceptible es el hilo de luz que ata entre sí los pensamientos más absurdos, que nadan en su caos; si tú supieras..., pero, ¿qué digo?, tú lo sabes, tú debes saberlo.

¿No has soñado nunca? Al despertar ¿te ha sido alguna vez posible referir con toda su inexplicable vaguedad y poesía lo que has soñado?

El espíritu tiene una manera de sentir y comprender especial, misteriosa, porque él es un arcano; inmensa, porque él es infinito; divina, porque su esencia es santa. ¿Cómo la palabra, cómo un idioma grosero y mezquino, insuficiente a veces para expresar las necesidades de la materia, podrá servir de digno intérprete entre dos almas? Imposible.

Sin embargo, yo procuraré apuntar, como de pasada, algunas de las mil ideas que me agitaron durante aquel sueño magnífico, en que vi al amor envolviendo la humanidad, como en un fluido de fuego, pasar de un siglo en otro, sosteniendo la incomprensible atracción de los espíritus, atracción semejante a la de los astros, y revelándose al mundo exterior por medio de la poesía, único idioma que acierta a balbucear algunas de las frases de su inmenso poema.

Pero, ¿lo ves? Ya quizá ni tú me entiendes, ni yo sé lo que te digo. Hablemos como se habla. Procedamos con orden. ¡El orden! ¡Lo detesto y, sin embargo, es tan preciso para todo!...

La poesía es el sentimiento, pero el sentimiento no es más que un efecto, y todos los efectos proceden de una causa, más o menos conocida.

¿Cuál lo será? ¿Cuál podrá serlo de èste divino arranque de entusiasmo, de esta vaga y melancólica aspiración del alma, que se traduce al lenguaje de los hombres por medio de sus más suaves armonías, sino el amor?

Sí, el amor es el manantial perenne de toda poesía, el origen fecundo de todo lo grande, el principio eterno de todo lo bello y, digo el amor, porque la religión, nuestra religión, sobre todo, es amor también, es el amor más puro, más hermoso, el único infinito que se conoce, y sólo a estos dos astros de la inteligencia puede volverse el hombre, cuando desea luz que alumbre en su camino, inspiración que fecundice su vena estéril y fatigada.

El amor es la causa del sentimiento, pero... ¿qué es el amor?

Ya lo ves, el espacio me falta, el asunto es grande y... ¿te sonríes?... ¿Crees que voy a darte una excusa fútil para interrumpir mi carta en este sitio?

No; ya no recurriré a los fenómenos del mío para disculparme de no hablar del amor. Te lo confesaré ingenuamente: tengo miedo.

Algunos días, sólo algunos, y te lo juro, te hablaré del amor a riesgo de escribir un millón de disparates.

«¿Por qué tiemblas?», dirás, sin duda. «¿No hablan de él a cada paso, gentes que ni aun lo conocen? ¿Por qué no has de hablar tú, tú que dices que lo sientes?»

¡Ay!, acaso por lo mismo que ignoran lo que es, se atreven a definirlo.

¿Vuelves a sonreírte?... Créeme; la vida está llena de estos absurdos.

III

(*El Contemporáneo*, II, 88, 4 de abril de 1861.)

¿Qué es el amor?

A pesar del tiempo trascurrido, creo que debes acordarte de lo que te voy a referir. La fecha en que aconteció, aunque no la consigne la historia, será siempre una fecha memorable para nosotros.

Nuestro conocimiento sólo databa de algunos meses; era verano y nos hallábamos en Cádiz. El rigor de la estación no nos permitía pasear sino al amanecer o durante la noche. Un día... digo mal, no era día aún; la dudosa claridad del crepúsculo de la mañana teñía de un vago azul el cielo; la luna se desvanecía en el ocaso, envuelta en una bruma violada; y lejos, muy lejos, en la distante lontananza del mar, las nubes se coloraban de amarillo y rojo cuando la brisa precursora de la luz, levantándose del océano fresca e impregnada en el marino perfume de las olas, acarició al pasar nuestras frentes.

La naturaleza comenzaba entonces a salir de su letargo con un sordo murmullo. Todo a nuestro alrededor estaba en suspenso y como aguardando una señal misteriosa para prorrumpir en el gigante himno de alegría de la creación que despierta.

Nosotros, desde lo alto de la fortísima muralla que ciñe y defiende la ciudad, y a cuyos pies se rompen las olas con un gemido, contemplábamos con avidez el solemne espectáculo que se ofrecía a nuestros ojos. Los dos guardábamos un silencio profundo y, no obstante, los dos pensábamos una misma cosa.

Tú formulaste mi pensamiento al decirme: «¿Qué es el sol?»

En aquel momento el astro, cuyo disco comenzaba a chispear en el límite del horizonte, rompió el seno de los mares. Sus rayos se tendieron rapidísimos sobre su inmensa llanura; el cielo, las aguas y la tierra se inundaron de claridad, y todo resplandeció como si un océano de luz se hubiese volcado sobre el mundo.

En las crestas de las olas, en los ribetes de las nubes, en los muros de la ciudad, en el vapor de la mañana, sobre nuestras cabezas, a nuestros pies, en todas partes ardía la pura lumbre del astro y flotaba una atmósfera luminosa y trasparente en la que nadaban encendidos los átomos del aire.

Tus palabras resonaban aún en mi oído. «¿Qué es el sol?», me habías preguntado. «Eso», respondí señalándote su disco que volteaba oscuro y franjado de fuego en mitad de aquella diáfana atmósfera de oro; y tu pupila y tu alma se llenaron de luz, y en la indescriptible expresión de tu rostro conocí que lo habías comprendido.

Yo ignoraba la definición científica con que pude responder a tu pregunta, pero, de todos modos, en aquel instante solemne estoy seguro de que no te hubiera satisfecho.

¡Definiciones! Sobre nada se han dado tantas como sobre las cosas indefinibles. La razón es muy sencilla. Ninguna de ellas satisface, ninguna es exacta, por lo que cada cual se cree con derecho para formular la suya.

¿Qué es el amor? Con esta frase concluí mi carta de ayer, y con ella he comenzado la de hoy. Nada me sería más fácil que resolver, con el apoyo de una autoridad, esta cuestión que yo mismo me propuse al decirte que es la fuente del sentimiento. Llenos están los libros de definiciones sobre este punto. Las hay en griego y en árabe, en chino y en latín, en copto y en ruso, qué sé yo, en todas las lenguas muertas o vivas, sabias o ignorantes que se conocen. Yo he leído algunas, y me he hecho traducir otras. Después de conocerlas casi todas, he puesto la mano sobre mi corazón, he consultado mis sentimientos, y no he podido menos de repetir con Hamlet: «¡Palabras, palabras, palabras!»

Por eso he creído más oportuno recordarte una escena pasada que tiene alguna analogía con nuestra situación presente, y decirte ahora como entonces: «¿Quieres saber lo que es el amor?» Recógete dentro de ti misma, y si es verdad que lo abrigas en tu alma, siéntelo y lo comprenderás, pero no me lo preguntes.

Yo sólo te podré decir que él es la suprema ley del universo; ley misteriosa por la que todo se gobierna y rige, desde el átomo inanimado hasta la criatura racional; que de él parten y a él convergen como a un centro de irresistible atracción todas nuestras ideas y acciones, que está, aunque oculto, en el fondo de toda cosa; y, efecto de una primera causa, Dios, es a su vez origen de esos mil pensamientos desconocidos que todos ellos son poesía, poesía verdadera y espontánea que la mujer no sabe formular, pero que siente y comprende mejor que nosotros.

Sí. Que poesía es y no otra cosa esa aspiración melancólica y vaga que agita tu espíritu con el deseo de una perfección imposible.

Poesía, esas lágrimas involuntarias que tiemblan un instante en tus párpados, se desprenden en silencio, ruedan, y se evaporan como un perfume.

Poesía, el gozo improviso que ilumina tus facciones con una sonrisa suave, y cuya oculta causa ignoras dónde está.

[Poesía] son, por último, todos esos fenómenos inexplicables que modifican el alma de la mujer cuando despierta al sentimiento y la pasión.

¡Dulces palabras que brotáis del corazón, asomáis al labio y morís sin resonar apenas, mientras que el rubor enciende las mejillas! ¡Murmullos extraños de la noche, que imitáis los pasos del amante que se espera! ¡Gemidos del viento que fingís una voz querida que nos llama entre las sombras! ¡Imágenes confusas, que pasáis cantando una canción sin ritmo ni palabras, que sólo percibe y entiende el espíritu! ¡Febriles exaltaciones de la pasión, que dais colores y forma a las ideas más abstractas! ¡Presentimientos incomprensibles, que ilumináis como un relámpago nuestro porvenir! ¡Espacios sin límites, que os abrís ante los ojos del alma ávida de inmensidad y la arrastráis a vuestro seno, y la saciáis de infinito! ¡Sonrisas, lágrimas, suspiros y deseos, que formáis el misterioso cortejo del amor! ¡Vosotros sois la poesía, la verdadera poesía que puede encontrar un eco, producir una sensación o despertar una idea!

Y todo este tesoro inagotable de sentimiento, todo este animado poema de esperanzas y de abnegaciones, de sueños y de tristezas, de alegrías y de lágrimas, donde cada sensación es una estrofa y cada pasión un canto, todo está contenido en vuestro corazón de mujer.

Un escritor francés ha dicho, juzgando a un músico ya célebre, el autor del *Tannhäuser:* «Es un hombre de talento que hace todo lo posible por disimularlo, pero que, a veces, no lo puede conseguir y, a su pesar, lo demuestra.»

Respecto a la poesía de vuestras almas, puede decirse lo mismo.

Pero ¿qué?, ¿frunces el ceño y arrojas la carta?... ¡Bah! No te incomodes... Sabe de una vez, y para siempre, que tal como os manifestáis yo creo, y conmigo lo creen todos, que las mujeres son la poesía del mundo.

IV

(*El Contemporáneo*, II. 104. 23 de abril de 1861.)

El amor es poesía; la religión es amor. Dos cosas semejantes a una tercera, son iguales entre sí. He aquí un axioma que debía ahorrarme el trabajo de escribir una nueva carta. Sin embargo, yo mismo conozco que esta conclusión matemática, que en efecto lo parece, así puede ser una verdad, como un sofisma. La lógica sabe fraguar razonamientos inatacables, que, a pesar de todo, no convencen. ¡Con tanta facilidad se sacan deducciones precisas de una base falsa! En cambio, la convicción íntima suele persuadir, aunque en el método del raciocinio reine el mayor desorden. ¡Tan irresistible es el acento de la fe!

La religión es amor y, porque es amor, es poesía. He aquí el tema que me he propuesto desenvolver hoy.

Al tratar un asunto tan grande en tan corto espacio y con tan escasa ciencia como la de que yo dispongo, sólo me anima una esperanza. Si para persuadir basta creer, yo siento lo que escribo.

* * *

Hace ya mucho tiempo, yo no te conocía (y con esto excuso el decir que aún no había amado), sentí en mi interior un fenómeno inexplicable. Sentí, no diré un vacío, porque sobre ser vulgar, no es ésta la frase propia; sentí en mi alma y en todo mi ser, como una plenitud de vida, como un desbordamiento de actividad moral, que no encontrando objeto en qué emplearse, se elevaba en forma de ensueños y fantasías, ensueños y fantasías en los cuales buscaba en vano la expansión, estando como estaban dentro de mí mismo.

Tapa y coloca al fuego un vaso con un líquido cualquiera. El vapor, con un ronco hervidero, se desprende del fondo, y sube, y pugna por salir, y vuelve a caer deshecho en menudas gotas, y torna a elevarse, y torna a deshacerse, hasta que al cabo estalla comprimido y quiebra la cárcel que lo detiene. Este es el secreto de la muerte prematura y misteriosa de algunas mujeres y de algunos poetas, arpas que se rompen sin que nadie haya arrancado una melodía de sus cuerdas de oro. Esta [era] la verdad de la situación de mi espíritu, cuando aconteció lo que voy a referirte.

Estaba en Toledo, la ciudad sombría y melancólica por excelencia. Allí cada lugar recuerda una historia, cada piedra un siglo, cada monumento una civilización; historias, siglos y civilizaciones que han pasado y cuyos

actores tal vez son ahora el polvo oscuro que
arrastra el viento en remolinos, al silbar en
sus estrechas y tortuosas calles. Sin embargo,
por un contraste maravilloso, allí donde todo
parece muerto, donde no se ven más que rui-
nas, donde sólo se tropieza con rotas columnas
y destrozados capiteles —mudos sarcasmos de
la loca aspiración del hombre a perpetuarse—
diríase que el alma, sobrecogida de terror
y sedienta de inmortalidad, busca algo eterno
en donde refugiarse, y como el náufrago que
se ase de una tabla, se tranquiliza al recordar
su origen.

Un día entré en el antiguo convento de
San Juan de los Reyes. Me senté en una de las
piedras de su ruinoso claustro, y me puse
a dibujar. El cuadro que se ofrecía a mis ojos
era magnífico. Largas hileras de pilares que
sustentan una bóveda cruzada de mil y mil
crestones caprichosos; anchas ojivas caladas
como los encajes de un rostrillo; ricos doseletes
de granito con caireles de yedra, que suben
por entre las labores, como afrentando a las
naturales; ligeras creaciones del cincel, que
parece han de agitarse al soplo del viento;
estatuas vestidas de luengos paños, que flotan,
como al andar; caprichos fantásticos, gnomos,
hipógrifos, dragones y reptiles sin número, que
ya asoman por cima de un capitel, ya corren
por las cornisas, se enroscan en las columnas,
o trepan babeando por el tronco de las guir-

naldas de trébol; galerías que se prolongan y que se pierden, árboles que inclinan sus ramas sobre una fuente, flores risueñas, pájaros bulliciosos formando contraste con las tristes ruinas y las calladas naves; y, por último, el cielo, un pedazo de cielo azul que se ve más allá de las crestas de pizarra de los miradores, a través de los calados de un rosetón.

En tu álbum tienes mi dibujo: una reproducción pálida, imperfecta, ligerísima de aquel lugar, pero que, no obstante, puede darte una idea de su melancólica hermosura. No ensayaré, pues, describírtela con palabras, inútiles tantas veces.

Sentado, como te dije, en una de las rotas piedras, trabajé en él toda la mañana, torné a emprender mi tarea a la tarde, y permanecí absorto en mi ocupación hasta que comenzó a faltar la luz. Entonces, dejando a un lado el lápiz y la cartera, tendí una mirada por el fondo de las solitarias galerías y me abandoné a mis pensamientos.

El sol había desaparecido. Sólo turbaban el alto silencio de aquellas ruinas el monótono rumor del agua de la fuente, el trémulo murmullo del viento que suspiraba en los claustros, y el temeroso y confuso rumor de las hojas de los árboles, que parecían hablar entre sí en voz baja.

Mis deseos comenzaron a hervir y a levantarse en vapor de fantasías. Busqué a mi lado una mujer, una persona a quien comunicar mis sensaciones. Estaba solo. Entonces me acordé de esta verdad, que había leído en no sé qué autor: «La soledad es muy hermosa... cuando se tiene junto a alguien a quien decírselo.»

No había aún concluido de repetir esta frase célebre, cuando me pareció ver levantarse a mi lado, y, de entre las sombras, una figura ideal, cubierta con una túnica flotante y ceñida la frente de una aureola. Era una de las estatuas del claustro derruido, una escultura que, arrancada de su pedestal y arrimada al muro en que me había recostado, yacía allí, cubierta de polvo y medio escondida entre el follaje, junto a la rota losa de un sepulcro y el capitel de una columna. Más allá, a lo lejos y veladas por las penumbras y la oscuridad de las extensas bóvedas, se distinguían confusamente algunas otras imágenes: vírgenes con sus palmas y sus nimbos, monjes con sus báculos y sus capuchas, eremitas con sus libros y sus cruces, mártires con sus emblemas y sus aureolas, toda una generación de granito, silenciosa e inmóvil, pero en cuyos rostros había grabado el cincel la huella del ascetismo y una expresión de beatitud y serenidad inefables.

—He aquí, exclamé, un mundo de piedra: fantasmas inanimados de otros seres que han existido y cuya memoria legó a las épocas venideras un siglo de entusiasmo y de fe. Vírgenes solitarias, austeros cenobitas, mártires esforzados, que, como yo, vivieron sin amores ni placeres; que, como yo, arrastraron una existencia oscura y miserable, solos con sus pensamientos y el ardiente corazón inerte bajo el sayal, como un cadáver en su sepulcro. Volví a fijarme en aquellas facciones angulosas y expresivas; volví a examinar aquellas figuras secas, altas, espirituales y serenas, y proseguí diciendo: «¿Es posible que hayáis vivido sin pasiones, ni temor, ni esperanzas, ni deseos? ¿Quién ha recogido las emanaciones de amor que, como un aroma, se desprenderían de vuestras almas? ¿Quién ha saciado la sed de ternura que abrasaría vuestros pechos en la juventud? ¿Qué espacios sin límites se abrieron a los ojos de vuestros espíritus, ávidos de inmensidad, al despertarse al sentimiento?...»

La noche había cerrado poco a poco. A la dudosa claridad del crepúsculo había sustituido una luz tibia y azul; la luz de la luna que, velada un instante por los oscuros chapiteles de la torre, bañó en aquel momento con un rayo plateado los pilares de la desierta galería.

Entonces reparé que todas aquellas figuras, cuyas largas sombras se proyectaban en los muros y en el pavimiento, cuyas flotantes ropas parecían moverse, en cuyas demacradas facciones brillaba una expresión de indescriptible, santo y sereno gozo, tenían sus pupilas sin luz, vueltas al cielo, como si el escultor quisiera semejar que sus miradas se perdían en el infinito buscando a Dios.

A Dios, foco eterno y ardiente de hermosura, al que se vuelve con los ojos, como a un polo de amor, el sentimiento de la tierra.

(Se continuará.)

[Pero, al parecer, nunca lo hizo Bécquer.]

LA SOLEDAD

(Colección de cantares por Augusto Ferrán y Forniés)

I

Leí la última página, cerré el libro y apoyé mi cabeza entre las manos.

Un soplo de la brisa de mi país, una onda de perfumes y armonías lejanas, besó mi frente y acarició mi oído al pasar.

Toda mi Andalucía, con sus días de oro y sus noches luminosas y transparentes, se levantó como una visión de fuego del fondo de mi alma.

Sevilla, con su Giralda de encajes, que copia temblando el Guadalquivir, y sus calles morunas, tortuosas y estrechas, en las que aún se cree escuchar el extraño crujido de los pasos del Rey Justiciero; Sevilla, con sus rejas y sus cantares, sus cancelas y sus rondadores, sus retablos y sus cuentos, sus pendencias y sus músicas, sus noches tranquilas y sus siestas de fuego, sus alboradas color de rosa y sus crepúsculos azules; Sevilla, con todas las tradiciones que veinte centurias han amontonado sobre su frente, con toda la pompa y la gala de su naturaleza meridional, con toda la poesía que la imaginación presta a un recuerdo querido, apareció como por encanto a mis ojos, y penetré en su recinto, y crucé sus calles, y respiré su atmósfera, y oí los cantos que entonan a media voz las muchachas que cosen detrás de las celosías, medio ocultas entre las hojas de las campanillas azules; y aspiré con voluptuosidad la fragancia de las madreselvas que corren por un hilo de balcón a balcón, formando toldos de flores; y torné, en fin, con mi espíritu a vivir en la ciudad donde he nacido, y de la que tan viva guardaré siempre la memoria.

No sé el tiempo que transcurrió mientras soñaba despierto. Cuando me incorporé, la luz que ardía sobre mi bufete oscilaba próxima a expirar, arrojando sus últimos destellos, que en círculos, ya luminosos, ya sombríos, se proyectaban temblando sobre las paredes de mi habitación.

La claridad de la mañana, esa claridad incierta y triste de las nebulosas mañanas de invierno, teñía de un vago azul los vidrios de mis balcones.

A través de ellos se divisaba casi todo Madrid.

Madrid, envuelto en una ligera neblina, por entre cuyos rotos jirones levantaban sus crestas oscuras las chimeneas, las buhardillas, los campanarios y las desnudas ramas de los árboles.

Madrid sucio, negro, feo como un esqueleto descarnado, tiritando bajo su inmenso sudario de nieve.

Mis miembros estaban ya ateridos, pero entonces tuve frío hasta el alma.

Y, sin embargo, yo había vuelto a respirar la tibia atmósfera de mi ciudad querida; yo había sentido el beso vivificador de sus brisas cargadas de perfumes; su sol de fuego había deslumbrado mis ojos al trasponer las verdes lomas sobre que se asienta el convento de Aznalfarache.

* * *

Aquel mundo de recuerdos lo había evocado como un conjuro mágico un libro. Un libro impregnado en el perfume de las flores de mi país; un libro del que cada una de las páginas es un suspiro, una sonrisa, una lágrima o un rayo de sol; un libro, por último, cuyo solo título aún despierta en mi alma un sentimiento indefinible de vaga tristeza: *¡La soledad!* La soledad es el cantar favorito del pueblo en mi Andalucía.

II

Aquel libro lo tenía allí para juzgarlo. Como cuestión de sentimiento, para mí ya lo estaba. Sin embargo, el criterio de la sensación está sujeto a influencias puramente individuales, de las que se debe despojar el crítico, si ha de llenar su misión dignamente. Esto es lo que voy a hacer, si me es posible.

Hay una poesía magnífica y sonora; una poesía hija de la meditación y el arte, que se engalana con todas las pompas de la lengua, que se mueve con una cadenciosa majestad, habla a la imaginación, completa sus cuadros y la conduce a su antojo por un sendero desconocido, seduciéndola con su armonía y su hermosura.

Hay otra natural, breve, seca, que brota del alma como una chispa eléctrica, que hiere el sentimiento con una palabra y huye, y desnuda de artificio, desembarazada dentro de una forma libre, despierta, con una que las toca, las mil ideas que duermen en el océano sin fondo de la fantasía.

La primera tiene un valor dado: es la poesía de todo el mundo.

La segunda carece de medida absoluta: adquiere las proporciones de la imaginación que impresiona; puede llamarse la poesía de los poetas.

La primera es una melodía que nace, se desarrolla, acaba y se desvanece.

La segunda es un acorde que se arranca de un arpa, y se quedan las cuerdas vibrando con un zumbido armonioso.

Cuando se concluye aquélla, se dobla la hoja con una suave sonrisa de satisfacción.

Cuando se acaba ésta, se inclina la frente cargada de pensamientos sin nombre.

La una es el fruto divino de la unión del arte y de la fantasía.

La otra es la centella inflamada que brota al choque del sentimiento y la pasión.

Las poesías de este libro pertenecen al último de los dos géneros, porque son populares, y la poesía popular es la síntesis de la poesía.

III

El pueblo ha sido, y será siempre, el gran poeta de todas las edades y de todas las naciones. Nadie mejor que él sabe sintetizar en sus obras las creencias, las aspiraciones y el sentimiento de una época.

Él forjó esa maravillosa epopeya celeste de los dioses del paganismo, que después formuló Homero.

Él ha dado el ser a ese mundo invisible de las tradiciones religiosas, que pueden llamarse el mundo de la mitología cristiana.

Él inspiró al sombrío Dante el asunto de su terrible poema.

Él dibujó a Don Juan.

Él soñó a Fausto.

Él, por último, ha infundido su aliento de vida a todas esas figuras gigantescas que el arte ha perfeccionado luego, prestándoles formas y galas.

Los grandes poetas, semejantes a un osado arquitecto, han recogido las piedras talladas por él, y han levantado con ellas una pirámide en cada siglo. Pirámides colosales que, dominando la inmensa ola del olvido y del tiempo, se contemplan unas a otras y señalan el paso de la humanidad por el mundo de la inteligencia.

Como a sus maravillosas concepciones, el pueblo da a la expresión de sus sentimientos una forma especialísima. Una frase sentida, un toque valiente o un rasgo natural, le bastan para emitir una idea, caracterizar un tipo o hacer una descripción. Esto, y no más, son las canciones populares.

Todas las naciones las tienen. Las nuestras, las de toda la Andalucía, en particular, son acaso las mejores. En algunos países, en Alemania sobre todo, esta clase de canciones constituye un género de poesía. Goethe, Schiller, Uhland, Heine, no se han desdeñado de cultivarlo; es más, se han gloriado de hacerlo.

Entre nosotros, no; estas canciones se admiran, es verdad, se aplauden, se repiten de boca

en boca. Trueba las ha glosado con una espon-
taneidad y una gracia admirables; Fernán
Caballero ha reunido un gran número en sus
obras; pero nadie ha tocado ese género para
elevarlo a la categoría de tal en el terreno
del arte.

A esto es a lo que aspira el autor de *La soledad*.
Éstas son las pretensiones que trae su libro
al aparecer en la arena literaria. El propósito
es digno de aplauso, y la empresa, más arries-
gada de lo que a primera vista parece.

¿Cómo lo ha cumplido?

IV

«Al principio de esta colección he puesto
unos cuantos cantares del pueblo, para estar
seguro al menos de que hay algo bueno en
este libro.» Así dice el autor en el prólogo,
y así lo hace. Desde luego, confesamos que
este rasgo, a la vez de modestia y confianza
en su obra, nos gusta. Sean como fueren sus
cantares, el autor no rehúye las comparaciones.
No tiene por qué rehuirlas.

Seguramente que los suyos se distinguen
de los originales del pueblo: la forma del
poeta, como la de una mujer aristocrática,
se revela, aun bajo el traje más humilde,
por sus movimientos elegantes y cadenciosos;
pero en la concisión de la frase, en la sencillez

de los conceptos, en la valentía y la ligereza
de los toques, en la gracia y la ternura de
ciertas ideas, rivalizan cuando no vencen a los
que se ha propuesto por norma.

El autor de *La soledad* no ha imitado la
poesía del pueblo servilmente, porque hay
cosas que no pueden imitarse.

Tampoco ha escrito un cantar por vía
de pasatiempo, sujetándose a una forma pres-
crita, como el que vence una dificultad por
gala, no; los ha hecho, sin duda, porque sus
ideas, al revestirse espontáneamente de una
forma, han tomado ésta; porque su libre edu-
cación literaria, su conocimiento de los poetas
alemanes y el estudio especialísimo de la
poesía popular, han formado, desde luego,
su talento a propósito para representar este
nuevo género en nuestra nación.

En efecto, sus cantares, ora brillantes y gra-
ciosos, ora sentidos y profundos, ya se tra-
duzcan por medio de un rasgo apasionado y
valiente, ya merced a una nota melancólica
y vaga, siempre vienen a herir alguna de las
fibras del corazón del poeta. En ellos hay un
grito para cada dolor, una sonrisa para cada
esperanza, una lágrima para cada desengaño,
un suspiro para cada recuerdo.

En sus manos, la sencilla arpa popular
recorre todos los géneros, responde a todos
los tonos de la infinita escala del sentimiento
y las pasiones. No obstante, lo mismo al reír

que al suspirar, al hablar del amor que al exponer alguno de sus extraños fenómenos, al traducir un sentimiento que al formular una esperanza, estas canciones rebosan en una especie de vaga e indefinible melancolía, que produce en el ánimo una sensación al par dolorosa y suave.

No es extraño. En mi país, cuando la guitarra acompaña *la soledad*, ella misma parece como que se queja y llora.

V

Las fatigas que se cantan
son las fatigas más grandes,
porque se cantan llorando
y las lágrimas no salen.

Entre los originales, éste es el primer cantar que se encuentra al abrir el libro. Él da el tono al resto de la obra, que se desenvuelve como una rica melodía, cuyo tema fecundo es susceptible de mil y mil brillantes variaciones.

Si la dimensión de este artículo me lo permitiera, citaría una infinidad de ellos que justificasen mi opinión; en la imposibilidad de hacerlo así, transcribiré algunos que, aunque imperfecta, puedan dar alguna idea del libro que me ocupa:

Si yo pudiera arrancar
una estrellita del cielo,
te la pusiera en la frente
para verte desde lejos.

*

Cuando pasé por tu casa
«¿Quién vive?», al verme gritaste,
sólo con la mala idea
de, si aún vivía, matarme.

*

Compañera, yo estoy hecho
a sufrir penas crueles;
pero no a sufrir la dicha
que apenas llega, se vuelve.

En estos cantares el autor rivaliza en es-
pontaneidad y gracia con los del pueblo: la
misma forma ligera y breve, la misma intención,
la misma verdad y sencillez en la expresión
del sentimiento.

En los que siguen varía de tono:

Antes piensa y luego habla;
y después de haber hablado,
vuelve a pensar lo que has dicho,
y verás si es bueno o malo.

*

Levántate si te caes,
y antes de volver a andar,
mira dónde te has caído
y pon allí una señal.

*

Yo me he querido vengar
de los que me hacen sufrir,
y me ha dicho mi conciencia
que antes me vengue de mí.

Una sentencia profunda, encerrada en una
forma concisa, sin más elevación que la que
le presta la elevación del pensamiento que
contiene. Verdad en la observación, naturalidad
en la frase: éstas son las dotes del género
de estos cantares. El pueblo los tiene mag-
níficos; por los que dejamos citados, se verá
hasta qué punto compiten con ellos los del
autor de *La soledad*.

Los mundos que me rodean
son los que menos me extrañan;
el que me tiene asombrado
es el mundo de mi alma.

*

Lo que envenena la vida,
es ver que en torno tenemos
cuanto para ser felices
nos hace falta, y no es nuestro.

*

Yo no sé lo que yo tengo,
ni sé lo que a mí me falta;
que siempre espero una cosa
que no sé cómo se llama.

¡Ay de mí! Por más que busco
la soledad, no la encuentro.
Mientras yo la voy buscando
mi sombra me va siguiendo.

*

Todo hombre que viene al mundo
trae un letrero en la frente
con letras de fuego escrito
que dice: «Reo de muerte.»

La poesía popular, sin perder su carácter, comienza aquí a elevar su vuelo.

La honda admiración que nos sobrecoge al sentir levantarse en el interior del alma un maravilloso mundo de ideas incomprensibles, ideas que flotan como flotan los astros en la inmensidad.

Esa amargura que corroe el corazón, ansioso de goces, goces que pasan a su lado y huyen lanzándole una carcajada, cuando tiende la mano para asirlos; goces que existen, pero que acaso nunca podrá conocer.

Esa impaciencia nerviosa que siempre espera algo, algo que nunca llega, que no se puede pedir, porque ni aun se sabe su nombre; deseo quizá de algo divino que no está en la tierra, y que presentimos no obstante.

Esa desesperación del que no puede ahuyentar los dolores, y huye del mundo, y los tormentos le siguen, porque su tortura son sus ideas, que, como su sombra, le acompañan a todas partes.

Esa lúgubre verdad que nos dice que llevamos un germen de muerte dentro de nosotros mismos; todos esos sentimientos, todas esas grandes ideas que constituyen la inspiración, están expresados en los cuatro cantares que preceden, con una sobriedad y maestría que no puede por menos de llamar la atención.

Como se ve, el autor, con estas canciones, ha dado ya un gran paso para aclimatar su género favorito en el terreno del arte.

Veamos ahora algunas de las que, también imitación de las populares que constan de dos o más estrofas, ha intercalado en las páginas de su libro:

Pasé por un bosque y dije:
«Aquí está la soledad...»
Y el eco me respondió
con voz muy ronca: «Aquí está.»

Y me respondió: «Aquí está»,
y entonces me entró un temblor
al ver que la voz salía
de mi mismo corazón.

*

Tenía los ojos rojos,
tan rojos como la grana...;
labios, ¡ay!, que fueron hechos
para que alguien los besara.

Yo un día quise... La niña,
al pie de un ciprés descansa:
un beso eterno la muerte
puso en sus labios de grana.

*

Allá arriba el sol brillante,
las estrellas allá arriba:
aquí abajo los reflejos
de lo que tan lejos brilla.

Allá lo que nunca acaba,
aquí lo que, al fin, termina:
¡y el hombre atado aquí abajo
mirando siempre hacia arriba!

La primera de estas canciones puede po-
nerse en boca del *Manfredo*, de Byron; Schiller
no repudiaría la segunda, si la encontrase en-

tre sus baladas, y con pensamientos menos grandes que el de la tercera, ha escrito Víctor Hugo muchas de sus odas.

Pero nos resta aún por citar una de ellas, acaso una de las mejores, sin duda, la más melancólica, la más vaga, la más suave de todas, la última: con ella termina el libro de *La soledad*, como con una cadencia armoniosa que se desvanece temblando, y aún la creemos escuchar en nuestra imaginación:

Los que quedan en el puerto
cuando la nave se va,
dicen al ver que se aleja:
«¡Quién sabe si volverán!»

Y los que van en la nave
dicen mirando hacia atrás:
«¡Quién sabe cuando volvamos
si se habrán marchado ya!»

VI

«En cuanto a mis pobres versos, si algún día oigo salir uno solo de ellos de entre un corrillo de alegres muchachas, acompañado por los tristes tonos de una guitarra, daré por cumplida toda mi ambición de gloria, y habré escuchado el mejor juicio crítico de mis humildes composiciones.» Así termina el prólogo de *La soledad*. ¿Con qué otras palabras podría yo concluir esta revista, que pusieran más de relieve la modestia y la ternura del nuevo poeta?

Yo creo, yo espero, digo más, yo estoy seguro de que no tardarán mucho en cumplirse las aspiraciones del autor de estos cantares.

Acaso, cuando yo vuelva a mi Sevilla, me recordará alguno de ellos días y cosas que, a su vez, me arranquen una lágrima de sentimiento semejante a la que hoy brota de mis ojos al recordarla.

NOTAS A LAS RIMAS

Introducción sinfónica:

[1] *miríadas de gérmenes:* expresión que quiere ser científica: *miríadas,* 'grandes cantidades'; *gérmenes,* 'formas primitivas de vida, aún sin forma'.

[2] *oropel:* oro falso, falsa apariencia externa de una persona.

Rima I, 11:

[1] *cifra:* en el sentido de símbolo representativo.

Rima II, 15:

[1] *al acaso:* por casualidad, sin un propósito determinado, al azar.

Rima III, 42:

[1] *átomos:* en la época de Bécquer eran las pequeñas motas de polvo que flotan en el aire y que son visibles cuando entra un rayo de sol en una habitación oscura; aquí se refiere a las partes pequeñas del agua de la lluvia que forman el arco iris.

[2] *corcel:* término usado por los escritores románticos por *caballo;* propiamente corcel es el caballo que, por su ligereza y alzada, resulta adecuado para lucirlo en las fiestas o para cabalgarlo en los combates.

³   *haces:* los haces son grupos de mieses, hierbas, leña, etc., atadas con cuerdas o ramas; se trata de haces de cosas materiales y aquí son los pensamientos los que se unen en haces con los hilos de la luz; es decir, lenguaje metafórico.

⁴   *zenit:* también *cenit;* término de la Astronomía que designa el punto del cielo que corresponde en lo alto a un punto determinado de la tierra.

Rima V, 62:

*   En esta estrofa y en la siguiente Bécquer reúne elementos de las dos mitologías: la mediterránea, con las *ninfas* o deidades del aire libre que habitan en la naturaleza y son hermosas mujeres, de las que las *náyades* son las ninfas de las aguas; y la nórdica, con los *gnomos,* seres de las honduras de la tierra.

¹   Bécquer había publicado una versión de la Rima V en el *Semanario Pintoresco* (8 de mayo de 1853); esta versión difiere de la del *Libro de los gorriones* y, aunque no es nuestra intención ocuparnos de las variantes de las poesías, conviene saber que, después de esta estrofa, figura la siguiente, que no se encuentra en el *Libro de los gorriones* en el que nos basamos:

> Yo canto con la alondra
> y zumbo con la abeja;
> yo imito los ruidos
> que en la alta noche suenan.

Para más noticias de estas diferencias, véase la edición mencionada de las *Rimas* de R. Pageard, pp. 88-105.

²   *ignota:* cultismo por ignorada, desconocida.

Rima VI, 57:

¹   *orear:* dar el aire sobre algo para secarlo.

²   *el bardo inglés* es Shakespeare y el *horrible drama* es Hamlet. Ofelia, modelo de sencillez e inocencia, se vuelve loca cuando Hamlet, a quien ella ama, creyendo que mataba al rey Claudio, atraviesa con una espada a Polonio, el padre de la joven; en su locura, canta por los jardines adornada con flores y hierbas silvestres y acaba muriendo ahogada, rodeada de flores y entonando viejas tonadas. Esta figura, cuyo nombre procede de la *Arcadia* de Sannazaro, atrajo a los pintores de la época, y Juan Everett Millais pintó una *Ofelia* (1852) en los comienzos del movimiento

prerrafaelista. Es curioso consignar que Bécquer en una ocasión dibujaba precisamente la escena de Ofelia deshojando una corona cuando estaba como escribiente en un empleo administrativo, y esto le costó el puesto y quedar cesante (véase José Pedro Díaz, *Gustavo Adolfo Bécquer. Vida y poesía*, Madrid, Gredos, 1964, página 30).

Rima VII, 13:

* Referencia bíblica (Evangelio de San Juan, 11, 1-44). Jesús resucita a Lázaro, hermano de Marta y María, diciéndole: «Lázaro, sal afuera.»

Rima XII, 79:

¹ *houri:* hurí, palabra de origen árabe, tomada a través del francés *houri:* las hermosas mujeres que esperan a los bienaventurados en la religión islámica.
² *purpúrea:* color rojo vivo, como el de los granos de la granada madura.
³ *crespo:* ensortijado, rizado.

Rima XIII, 29:

¹ *trémulo:* cultismo, por tembloroso.

Rima XIV, 72:

¹ *un punto:* medida mínima de tiempo, un instante.

Rima XV, 60:

¹ *cendal:* tela muy fina, transparente.
² *aura:* viento suave que apenas se siente en la piel.
³ *vacío:* aquí es el universo cosmográfico.

Rimas XVIII, 6:

¹ *céfiro:* viento de poniente y, en general, en términos poéticos se dice de cualquier viento suave.

Rima XXVI, 7:

[1] *embozarse:* cubrirse el rostro con la capa para evitar el frío o ser reconocido; en sentido figurado, como aquí, los poetas se ocultan con la lira (o sea, con la poesía) para disimular el frío de su pobreza.

Rima XXXI, 30:

* Bécquer fue también autor teatral y aquí se vale de términos del arte dramático. *Sainete* es una pieza cómica, y es una paradoja que haya sido trágico para los dos por sus consecuencias. *Fábula* es el argumento que se desarrolla en el contenido de la obra. Y *jornada* propiamente es el camino que se hace en un día, y en el teatro de los Siglos de Oro, acto de la comedia, aquí del único acto del sainete.

Rima XXXIX, 75:

[1] *sierpe:* es palabra poética y arcaica, por *serpiente.*

Rima XL, 66:

* Bécquer fue también cronista de sociedad y así puede recoger su experiencia sobre las reuniones sociales que aquí evoca de una manera indirecta. *Comadre* es término de desprecio hacia estos amigos que actúan como celestinas trayendo y llevando estas noticias; *sotto voce* es una expresión italiana, aplicada en el arte musical, para indicar en tono bajo; aquí en voz baja, como conviene al tono de la reunión.

Rima XLI, 26:

[1] La palabra *océano* hay que acomodarla al ritmo de las sílabas del endecasílabo como en otras ocasiones; aquí es o/ce/á/no y/yo.

Rima XLII, 16:

[1] El texto de la primera redacción dice:

> ¡Y se me reveló por qué se llora!
> ¡Y comprendí una vez por qué se mata!

² También aparece corregida parte de la última estrofa:

> logré balbucear breves palabras...
> Y... ¿Qué había de hacer? Era un amigo;
> me había hecho un favor... Le di las gracias.

Rima XLV, 3:

* Es una de las pocas poesías en las que usa términos de las artes de otras épocas, aquí de la arquitectura medieval, que tan frecuentes son en las *Leyendas*.

¹ *clave:* es la piedra que cierra en lo alto el arco gótico.
² Luego corregido: mal seguro.
³ *blasón:* es una figura o señal que se sitúa dentro del escudo; aquí, como en otros casos en Bécquer, es *escudo.*
⁴ *penacho:* el adorno con que se remata el casco del caballero o el del escudo aquí; suele ser de plumas y en esta poesía la hiedra hace como de penacho vegetal.
⁵ *emblema:* es la representación de un contenido con el que muestra relaciones para su identificación (aquí el amor de un poeta).

Rima XLVIII, 1:

¹ En la primera redacción:

> Aún, turbado en la noche el firme empeño,
> vive en la idea la visión tenaz...

Rima LV, 9:

* Obsérvese el gran acierto en la elección de las palabras por la correspondencia de los sonidos con el significado que hay en el verso primero: el sonido —r— en *discorde* ('falto de armonía'), *estruendo* (ruido que aturde) y *orgía* (fiesta desordenada, con gritos, palabra muy del gusto romántico) evoca la violencia del tumulto que se oye en el fondo; y a esta violencia sonora se opone la levedad del *eco* (que no es ni siquiera el original) del suspiro.

Rima LVII, 32:

¹ *armazón:* palabra más propia del lenguaje técnico de la construcción que, sin embargo, aquí se aplica para designar el cuerpo desgarbado del poeta de la cabeza loca.
² *sayo:* es palabra en desuso, propia del lenguaje del campo, arcaísmo familiar aquí usado por vestido; precisamente por sentirse el poeta envejecido, resulta muy expresivo el término.

Rima LVIII, 8:

¹ *néctar:* la bebida de los dioses antiguos y por extensión un licor muy selecto y apreciado; aquí es un licor del que la *hez* (o sea, lo que queda en el fondo del recipiente donde se guardó) resulta amarga.

Rima LX, 41:

¹ *erial:* el campo de cultivo abandonado y sin labrar.

Rima LXV, 47:

¹ *turba:* multitud que grita por las calles y provoca desórdenes públicos. Como contraste con su soledad el poeta recoge aquí un confuso fondo de agitación social, propio de las muchedumbres que se oyen a lo lejos.

Rima LXVI, 67:

¹ *páramo:* tierra sin cultivos, desolada, de gran extensión y casi siempre elevada, sin árboles, inhóspita por el frío.

Rima LXVII, 18:

¹ *lumbre:* luz que procede del fuego.
² *sochantre:* el que dirige el coro en las iglesias; era fama que solía ser persona tal como describe Bécquer, bien alimentada y de presencia opulenta.

³ Esta palabra fue luego cambiada por *fortuna*, y así dio lugar a dos versiones del poema aparentemente discordantes; preferimos en este caso la primera. Obsérvese que la palabra está situada en la estrofa final, de cierre, de condición irónica y en contraste con las anteriores; la ironía puede matizar el sentido de la misma.

Rima LXX, 59:

* Es otra de las poesías que contiene referencias arqueológicas, pues el lugar evocado es representación de la condición espiritual del poeta; denota además la sensibilidad de Bécquer hacia los monumentos religiosos.

¹ *esquilla:* la campana menor, de tono agudo, que se usa para el régimen interior de la comunidad.

² *maitines:* la primera hora canónica que se reza antes del amanecer.

³ Luego se cambió: triste sombra.

⁴ *ojiva calada:* aquí el conjunto de los arcos ojivales del estilo gótico, adornados con encajes de piedra labrada.

⁵ *torno:* la ventana giratoria de los conventos por la que la comunidad se comunica con el exterior.

Rima LXXI, 76:

¹ *vigilia:* el estado de lucidez mental que se tiene despierto, en oposición aquí al sueño; Bécquer con gran acierto sitúa el contenido de esta poesía precisamente en la zona intermedia entre *vigilia* y *sueño*, donde es posible la intuición adivinatoria de una muerte, su presentimiento.

Rima LXXII, 5:

¹ *radiosa:* radiante, que despiede rayos de luz.

² Los editores de 1871 cambiaron este verso, poco claro en su redacción pero expresivo, por este otro: —Ha tiempo lo hice; por cierto, que aún tengo.

Rima LXXIII, 71:

¹ *toque de las Ánimas:* el toque de las campanas lastimero que acompaña al oficio de difuntos.

[1] *fénix:* una característica de la poesía de Bécquer es la ausencia de referencias mitológicas y literarias; aquí se refiere al *ave fénix*, ave fabulosa, que se describe parecida al águila, y que, según la leyenda más común, renace de sus cenizas.

ÍNDICE DE LOS PRIMEROS VERSOS

A continuación de cada primer verso, figura el número de la Rima según el orden de las *Obras* (en cifras romanas), y el número según el orden del *Libro de los gorriones* (en cifras árabes). Después de la Rima LXXIX son otras composiciones de Bécquer, y se incluyen también dos Rimas de F. Iglesias, señaladas con asterisco.